Charles Bukowski
(1920-1994)

CHARLES BUKOWSKI nasceu a 16 de agosto de 1920 em Andernach, Alemanha, filho de um soldado americano e de uma jovem alemã. Aos três anos de idade, foi levado aos Estados Unidos pelos pais. Criou-se em meio à pobreza de Los Angeles, cidade onde morou por cinquenta anos, escrevendo e embriagando-se. Publicou seu primeiro conto em 1944, aos 24 anos de idade, e somente aos 35 começou a publicar poesias. Foi internado diversas vezes com crises de hemorragia e outras disfunções geradas pelo abuso do álcool e do cigarro. Durante a sua vida, ganhou certa notoriedade com contos publicados pelos jornais alternativos *Open City* e *Nola Express*, mas precisou buscar outros meios de sustento: trabalhou catorze anos nos Correios. Casou, teve uma filha e se separou. É considerado o último escritor "maldito" da literatura norte-americana, uma espécie de autor beat honorário, embora nunca tenha se associado com outros representantes beats, como Jack Kerouac e Allen Ginsberg.

Sua literatura é de caráter extremamente autobiográfico, e nela abundam temas e personagens marginais, como prostitutas, sexo, alcoolismo, ressacas, corridas de cavalos, pessoas miseráveis e experiências escatológicas. De estilo extremamente livre e imediatista, na obra de Bukowski não transparecem demasiadas preocupações estruturais. Dotado de um senso de humor ferino, autoirônico e cáustico, ele foi comparado a Henry Miller, Louis-Ferdinand Céline e Ernest Hemingway.

Ao longo de sua vida, publicou mais de 45 livros de poesia e prosa. São seis os seus romances: *Cartas na rua* (1971), *Factótum* (1975), *Mulheres* (1978), *Misto-quente* (1982), *Hollywood* (1989) e *Pulp* (1994), todos na Coleção **L&PM** POCKET. Em sua obra também se destacam os livros de contos e histórias: *Notas de um velho safado* (1969), *Ejaculations, Exhib*

Madness (1972; publicado em dois volumes em 1983 sob os títulos de *Tales of Ordinary Madness* e *The Most Beautiful Woman in Town*, lançados pela L&PM Editores como *Fabulário geral do delírio cotidiano* e *Crônica de um amor louco*), *Ao sul de lugar nenhum* (1973; L&PM, 2008), *Bring Me Your Love* (1983), *Numa fria* (1983; L&PM, 2003), *There's No Business* (1984) e *Miscelânea Septuagenária* (1990; L&PM, 2014). Seus livros de poesias são mais de trinta, entre os quais *Flower, Fist and Bestial Wail* (1960), *O amor é um cão dos diabos* (1977; L&PM, 2007), *You Get So Alone at Times that It Just Makes Sense* (1996), sendo que a maioria permanece inédita no Brasil. Várias antologias, como *Textos autobiográficos* (1993; L&PM, 2009), além de livros de poemas, cartas e histórias reunindo sua obra foram publicados postumamente, tais quais *O capitão saiu para o almoço e os marinheiros tomaram conta do navio* (1998; L&PM, 2003) e *Pedaços de um caderno manchado de vinho* (2008; L&PM, 2010).

Bukowski morreu de pneumonia, decorrente de um tratamento de leucemia, na cidade de San Pedro, Califórnia, no dia 9 de março de 1994, aos 73 anos de idade, pouco depois de terminar *Pulp*.

BUKOWSKI

TEMPESTADE PARA OS VIVOS E PARA OS MORTOS

POEMAS INÉDITOS E DISPERSOS

Editado por ABEL DEBRITTO

Tradução de RODRIGO BREUNIG

www.lpm.com.br

L&PM POCKET

Coleção **L&PM** POCKET, vol.1341

Texto de acordo com a nova ortografia.
Título original: *Storm for the Living and the Dead: Uncollected and Unpublished Poems*

Primeira edição na Coleção L&PM POCKET: fevereiro de 2022
Esta reimpressão: novembro de 2023

Tradução: Rodrigo Breunig
Capa: Ivan Pinheiro Machado. *Foto*: Bukowski no programa de entrevistas francês Apostrophes, de Bernard Pivot (Ulf Andersen/ Hulton Archive/ Getty Images)
Preparação: Mariana Donner da Costa
Revisão: Patrícia Yurgel

CIP-Brasil. Catalogação na publicação
Sindicato Nacional dos Editores de Livros, RJ

B949t

Bukowski, Charles, 1920-1994
    Tempestade para os vivos e para os mortos: poemas inéditos e dispersos / Bukowski; tradução Rodrigo Breunig; editado por Abel Debritto. - 1. ed. - Porto Alegre [RS]: L&PM, 2023.
    272 p.; 18 cm.   (Coleção L&PM POCKET; 1341)

    Tradução de: *Storm for the Living and the Dead: Uncollected and Unpublished Poems*
    ISBN 978-65-5666-234-3

    1. Poesia americana. I. Breunig, Rodrigo. II. Debritto, Abel. III. Título. IV. Série.

22-75332   CDD: 811
                               CDU: 82-1(73)

Camila Donis Hartmann - Bibliotecária - CRB-7/6472

Copyright © 2017 by Linda Lee Bukowski. All rights reserved.

Todos os direitos desta edição reservados a L&PM Editores
Rua Comendador Coruja, 314, loja 9 – Floresta – 90.220-180
Porto Alegre – RS – Brasil / Fone: 51.3225.5777

PEDIDOS & DEPTO. COMERCIAL: vendas@lpm.com.br
FALE CONOSCO: info@lpm.com.br
www.lpm.com.br

Impresso no Brasil
Primavera de 2023

BUK

metido de novo em alguma enrascada impossível

e o cara do pé grande, o imbecil, nem se mexeu
enquanto eu passava entre os bancos; naquela noite na
    festinha
de dança típica Elmer Whitefield perdeu um dente
    brigando com o grande
Eddie Green;
a gente pega o rádio dele e o relógio dele, disseram,
apontando para mim, ianque desgraçado; mas não
    sabiam
que eu era um poeta insano e fiquei lá encostado
    bebendo vinho
e amando todas as mulheres deles
com meus olhos, e eles ficaram assustados e
    intimidados
como vaquinhas de cidade pequena
tentando bolar um jeito de me matar
mas primeiro
tolamente
precisando de um motivo; eu poderia ter contado a eles
como não muito tempo atrás
eu quase matara por falta de motivo;
em vez disso, peguei o ônibus das 8:15
para Memphis.

nisto —

nisto, cresce a palavra de flecha;
nos dói dos pés à cabeça um simples terror
conforme andamos por uma simples rua
e vemos onde os tanques o empilharam:
rostos passam correndo, maçãs vivem com larvas
por um abraço de amor; ou lá fora –
onde os marinheiros se afogaram, e o mar
o lançou à praia, e o seu cão farejou
e correu como se o traseiro tivesse sido mordido
pelo diabo.

nisto, digamos que Dylan chorou
ou Ezra rastejou com Muss
por tênues horas italianas
enquanto meu belo cão marrom
esquecia o diabo
ou catedrais balançando no tiroteio da luz solar,
e encontrava o amor facilmente
na rua lá fora.

nisto, é verdade: aquilo que cria o ferro
cria rosas cria santos cria estupradores
cria o apodrecimento de um dente e uma nação.

nisto, um poema poderia ser ausência de palavra
a fumaça que outrora subiu para empurrar dez
    toneladas de aço
jaz agora rasa e calada na mão de um engenheiro.

nisto, eu vejo o Brasil no fundo do meu copo.
eu vejo beija-flores – como moscas, dezenas deles –
presos numa rede dourada. DIABO!!! – eu *morri* em
    Palavras
como um homem sob um narcótico de ralo néctar!

nisto, como azul através de azul sem sonhos de bacanal
onde os tanques o empilharam, garotões jogam bilhar,
olhos de elfo através da fumaça e na espera:
RACHA E BOLAS, ISSO É TUDO, NÃO É?

e cursos sobre literatura definitiva.

por que todos os seus poemas são pessoais?

por que todos os seus poemas são pessoais?, ela
falou, não admira que ela te odiasse...
qual?, falei. você sabe
qual... e nunca mais deixe
água na sua pia, e você não sabe
nem grelhar uma carne; minha senhoria disse
que você é bonitão e queria saber
por que não voltei a ficar com
você...

você contou pra ela?

daria pra contar que você é presunçoso
e alcoólatra? daria pra contar sobre
o dia em que precisei te recolher
caído de costas no chão
quando você brigou?
daria pra contar
que você bate uma toda hora?
daria pra contar
que você se acha
um sr. Vanbilderass?

por que você não vai pra casa?

eu sempre te amei, você sabe,
eu sempre te amei!

ótimo. um dia eu escrevo um poema sobre
isso. um poema bem
pessoal.

oração pelos amantes de mãos quebradas

em nanica e altaneira fúria, em ambulâncias de ódio,
pisoteando as formigas, pisoteando as insones formigas
para todo o sempre... reze pelos meus cavalos, não reze
 por mim;
reze pelos para-lamas do meu carro, reze pelo carbono
nos filamentos do meu cérebro... exatamente, e ouça,
não preciso de mais amor, de mais meias molhadas
como as pernas da morte rastejando em meu rosto
 num banheiro
da meia-noite... tire de mim as visões do sangue e da
 sabedoria e do
desespero, não me deixe ver o cravo secando
e perdendo seu róseo contra o meu tempo, caseado e
 sem raiz
como as tumbas da memória;
                        bem, fui escorraçado de
lugares melhores do que este; tive o xerez derrubado
da minha mão, vi os dentes do piano se moverem
cheios de explosões de podridão; vi os ratos na
lareira
     saltando como foguetes pelas chamas;
reze pela Alemanha, reze pela França, reze pela Rússia,
não reze por mim... no entanto... no entanto posso ver
 outra vez
o cruzamento das adoráveis pernas, de mais xerez e
 mais
decepção, mais bombas – mares revoltos de bombas,
minhas pinturas voando como pássaros entre os
 brincos

e as garrafas, entres os lábios rubros, entre as cartas de
 amor
e o último piano, vou gritar que eu tinha razão: nós
nunca deveríamos ter acontecido.

ritmo acelerado

voltei cansadíssimo com um dedo decepado e geada
nos pés e o relâmpago despencando pelo papel de
  parede;
enforcaram três homens nas ruas e o prefeito estava
  bêbado
de doces, e afundaram a maldita frota e os abutres
fumavam charutos Havana; ok, posso ver onde certa
  beldade
banhada cortou seu pulso esquerdo e a encontraram
  em estado
de coma no quarto dela – provavelmente sofrendo de
  amor
por minha causa, mas preciso me mudar dessa cidade:
  achei que eu fosse um
rapaz tranquilão, uma rocha, mas acabo de descobrir
  um
                        cabelo grisalho acima da
                        minha orelha esquerda.

penso em Hemingway

penso em Hemingway sentado
numa cadeira, ele tinha uma máquina de escrever
e agora já não toca
sua máquina de escrever, não tem mais
o que dizer.

e agora Belmonte não tem mais
touros para matar, às vezes penso que
não tenho mais poemas para escrever
nem mais mulheres para amar.

penso na forma do poema
mas meus pés doem, há sujeira
nas janelas.

os touros dormem noites inteiras nos
campos, eles dormem bem sem
Belmonte.

Belmonte dorme bem sem
Belmonte mas eu não durmo
tão bem.

não tenho criado tampouco
amado faz um tempo, golpeio
uma mosca e erro, sou um
velho cão cinzento ficando des-
dentado.

eu tenho uma máquina de escrever e agora
minha máquina de escrever já não tem
coisa alguma para dizer.

vou beber até que a manhã
me descubra na cama com a
maior puta de todas:
eu mesmo.

Belmonte & Papa,
entendo, é assim que
funciona, de verdade.

eu os observei trazendo
a terra durante a manhã toda
para preencher os buracos nas
ruas. eu os observei
instalando cabos novos nos
postes, choveu
ontem à noite, uma chuva
muito seca, não foi
um bombardeio, só que o
mundo está acabando e eu sou
incapaz de escrever
a respeito.

A Private Poem, not for publication / as ~~publication at maryrose. mail.~~ I WAS SHIT

CHARLES BUKOWSKI
1623 N, MARIPOSA AVE.
Los Angeles 27, CALIF

grief, the walls are bloody with grief and who cares?--
a sparrow, a princess, a whore, a bloodhound?
by god, <u>dirt</u> cares, dirt, and dirt I shall be,
I'll score a heroe's blast where heroes are all the same:
Ezra packed next to gopher just as I,
just as I, the faint splash of rain in the empty brain,
o by god, the noble intentions, the lives, the sewers,
the tables in Paris
flaunting and floating in our swine memories,
Havanna, Cuba, Hemingway
falling to the floor
blood splashing all exits.

if Hemingway kills himself
what am I?
if Cummings dies across his typewriter,
if Faulkner clutches his heart and goes,
what am I?
what am I? what was I
when Jeffers died in his tomb,
his stone cocoon?

I was shit, shit, shit, shit.

I now fall to the floor and raise the last of myself
what's left of myself
I promise grails filled with words as well as wine,
and the green, and and the shade flapping,
all this is nothing,
God shaving in my bathroom,
rent due,
lightning breaking the backs of ants,
I must close in upon myself,
I must stop playing tricks for
deep inside
somewhere
above the nuts or
below   or in that head
not yet crushed
eyes looking out like damned and impossible fires,
I see the gap I must leap, and I will be strong
and I will be kind, I have always been kind,
animals love me as if I were a child ######### crayoning
the edges of the world,
sparrows walk right by, flies crawl under my eyelids,
I cannot hurt anything
but myself,
I cannot even in the bloody grief
scream;
this is more than a scripture inside my brain--
I am tossed along the avenues of trail and trial
like dice
the gods mouthing their fires of strength
and I
must not die,
YET.

eu era merda

pesar, as paredes sangram de tanto pesar e quem se
    importa?
um pardal, uma princesa, uma puta, um cão de caça?
meu deus, a *sujeira* se importa, sujeira, e sujeira eu
    serei,
vou soprar um clarim de herói onde os heróis são
    todos iguais:
Ezra metido junto com o menino de recados que nem eu,
que nem eu, débil chuva chapinhando no cérebro vazio,
ah meu deus, as nobres intenções, as vidas, os esgotos,
as mesas em Paris
pairando pavoneadas em nossas memórias suínas,
Havana, Cuba, Hemingway
caindo no chão
sangue chapinhado em todas as saídas.

se Hemingway se mata
eu sou o quê?
se Cummings morre por cima da máquina de escrever,
se Faulkner agarra o coração e se vai,
eu sou o quê?
eu sou o quê? eu era o que
quando Jeffers morreu em sua tumba,
seu casulo de pedra?

eu era merda, merda, merda, merda.

eu agora caio no chão e levanto meus últimos pedaços
o que resta de mim
prometo grais cheios de palavras bem como de vinho,

e o verde, e a sombra que adeja,
tudo isso é nada,
Deus se barbeando no meu banheiro,
aluguel atrasado,
relâmpago quebrando as costas das formigas,
preciso me aproximar de mim mesmo,
preciso parar de fazer truques pois
bem lá dentro
em algum lugar
acima das bolas ou
abaixo ou naquela cabeça
ainda não esmagada
olhos espiando para fora como fogos impossíveis e
    amaldiçoados,
vejo a fenda que devo pular, e serei forte
e serei gentil, sempre fui gentil,
os animais me amam como se eu fosse uma criança
    pintando com giz
as bordas do mundo,
pardais passam andando, moscas rastejam sob minhas
    pálpebras,
não consigo machucar nada
que não seja eu mesmo,
não consigo nem mesmo no pesar sangrento
dar um grito;
isso é mais do que uma escritura no interior do meu
    cérebro –
sou impelido ao longo das avenidas de progresso e
    processo
como dados
os deuses abocanhando seus fogos de força
e eu
não devo morrer,
ainda.

correções de mim mesmo, sobretudo segundo Whitman:

eu quebraria os bulevares como palhas
e jogaria os velhos poetas confusos que sorvem leite
e levantam pesos
nas detenções de bêbados de Iowa
até San Diego;
eu anunciaria minha própria firme reivindicação de
   imortalidade
bem quieto
já que ninguém escutaria mesmo,
e eu quebraria a Vitrola
eu quebraria a alma de Caruso
numa noite quente cheia de moscas;
eu sairia empinando uma bunda judaica
requebrando pelos bulevares
numa velha bicicleta italiana de corrida,
lançando olhares para trás
sempre sabendo
como boas-noites na Alemanha
ou luvas atiradas ao chão,
acontece.

eu choraria pelos exércitos da Espanha,
eu choraria pelos índios viciados em vinho,
eu choraria, inclusive, por Gable morto
se conseguisse achar uma lágrima;

eu escreveria introduções para livros de poesia
de rapazes que já perderam metade da audição
devido à palavra;

eu mataria um elefante com um facão de caça
para ver sua tromba cair
feito uma meia vazia.

eu encontraria coisas na areia e coisas
embaixo da minha cama: marcas de dentes, marcas de
    braço, sinais,
pontas, manchas de tinta, manchas de amor, rabiscos
de Swinburne...

eu derrubaria as montanhas por seus caroços de
    azeitona,
eu prantearia mergulhadores de narizes mortos
com isso aís,
e por falar nisso
eu esmagaria e mataria mais uma mosca
ou escreveria
mais um poema inútil.

a abelhona

naquela roupa ela era uma abelhona,
listras pretas sobre o amarelo,
e *clish clish slitch* fazia
a arma, a arma ali o tempo todo,
e os troços duros que nem olhos,
pedras no fundo de um laguinho rançoso,
e eu a conheci no *Vince's*
embora o teor da nossa conversa
me escape, e ela me levou para o
apartamento dela, um lugar muito estiloso
com um par de camas, um piso encerado
na cozinha e uma tv andando solta
como um tigre, e eu larguei os bifes,
o uísque e a cerveja na mesa,
e mais tarde comemos, ela fez uma boa salada,
e bebemos um pouco e olhamos o
tigre andando e aí matei o troço
e contei à abelhona que eu estava morrendo,
haviam tirado minhas fontes,
que ir em frente parecia um disparate,
a bebedeira só me expulsava de
um nível de fracasso para outro,
mas isso ela não entendeu,
e mais tarde na cama
ela montou em *mim*
aquela abelhona
e eu apertei as nádegas da bunda dela
e era real o bastante, o ferrão estava
virado pra baixo, e falei,
lindo ah lindo,

mas não pude fazer nada,
eu estava morrendo e ela estava morta,
e mais tarde, vestido de novo,
eu disse tchau junto à porta,
eu disse perdão, e aí a porta
foi fechada
e eu desci correndo as escadas   desci correndo
para respirar o ar da rua
aqueles olhinhos de pedra chocalhando na
minha cabeça, e entrei no meu carro
e dirigi 30 quilômetros para o sul até a praia
e fiquei no píer
e olhei as ondas,
imaginei gigantescas batalhas marinhas,
me transformei em sal e areia e som,
e logo aqueles olhos sumiram
e eu acendi um cigarro,
tossi e voltei
para o carro.

gorjeio no

gorjeio no melro de minha noite
por entre respiração de pechblenda,
e que os condados aumentem seus impostos
e o lenhador sinta coceiras em seu sono;
gorjeio no melro de minha noite,
e que os exércitos se vistam para dançar
nas ruas, e garotinhas
beijem as frutas que enchem suas barrigas;
gorjeio no melro de minha noite,
esgote os seus verões em grunhidos e gemidos,
belisque os caules dos lírios quando
o coração do câncer queimar o amor;
gorjeio no melro de minha noite,
gorjeio na nota,
meu país é alto para cair
a ferrugem dos dias
de Moscou a Nova York
acrescenta um terror de horas
mas não reclamo
os dez mil beijos
ou os paus e as pedras
ou Roma quebrada,
mas espero a sua nota,
meus dedos arranham
a mesa iluminada de sol.

viagem de trem pelo inferno

VAI VAI VAI VAI VAI!, eles berram
e um macaco estica o braço e desenrosca a lâmpada
e a ruiva velha de vestido preto
levanta a saia e dança
VAI VAI VAI VAI VAI!
ela sacode a bem-feita corcova do rabo
e aí o tira entra pelo vestíbulo
e eles dão vivas
OBA!!!   OBA!!!
e ele cai fora com a ruiva diante de si
cabelo nos olhos dela, boca descaída em desgosto,
e eles gritam para ele
VAI FUNDO! MANDA VER!   OBA!!!

é uma viagem de trem pelo inferno,
os perdedores do hipódromo voltando cento e
    cinquenta quilômetros para casa
para empregos e nenhum emprego, esposas e nenhuma
    esposa, vidas e nenhuma vida,
e o camarada do bar só tem cerveja,
ela flutua numa lixeira de gelo e ele joga a cerveja quente
    ali dentro –
(OBA!!!   OBA!!!, eles berram toda vez que uma
    pessoa nova entra no vagão do bar)
e pega latas e as abre e as vende tão rápido quanto a
    máquina
é capaz de furar buraquinhos...
VAI VAI VAI VAI VAI!!!, encontraram uma nova
e ela dança (as putas embarcam em San Clemente
onde estiveram sentadas nos bares

e elas rumam ao norte para L.A.
colhendo o que conseguem)
e agora ela está rolando dados imaginários,
não, eles são reais, há moedinhas no piso,
ela sacode os dados, ela sacode sua lata e eles gritam
VAI VAI VAI VAI VAI!!!

o tira aparece de novo e os dados desaparecem,
ele está fumando um cigarro e seu quepe está levantado
    para trás,
ele é cinza e parece mais bêbado do que qualquer um
    de nós,
OBA!!!   OBA!, eles saúdam, e ele vai andando.

um extrovertido de camisa esportiva azul
circula abraçando e beijando as mulheres,
aí uma garota de cor se pendura pelos joelhos numa barra
    transversal,
OBA!   VAI VAI VAI!   OBA!

um homossexual esfrega seu rosto no meu,
"você estava no hipódromo?"
eu me afasto dele, vou até o bar e
suo na espera por uma cerveja.

OBA!   VAI VAI VAI VAI!

a garota de cor dança de frente para um chinês,
VAI VAI VAI VAI!

eu pego minha cerveja.

lá fora passam os prédios, pessoas olham televisão,
em Berlim eles fodem com o muro,

pessoas ponderam questões de estado com pedras,
aqui uma loira velha força o flanco contra o meu,
compro uma cerveja pra ela e um maço de Pall Mall,
então ela diz "vem comigo, preciso ir no banheiro",
e vamos passando pelo tumulto,
OBA! OBA!   LÁ VÃO ELES! VAI VAI VAI VAI!!!

ela está de calças largas e a barriga dela querendo sair
    pra
fora, e eu espero junto à plaquinha externa que diz
    MULHERES,
e estou suado e impaciente pelo pouco que a cerveja
    me dá
e esvazio a lata e a lanço no vestíbulo
e bebo a dela também, e no outro vagão
as pessoas estão cansadas e infelizes, ressonhando suas
    perdas,
chapados em seus assentos, bonecos empalhados,
engolidos – de novo – pelo mundo,

e a minha puta sai
e nós entramos no vagão do bar outra vez,
oba! OBA!   VAI VAI VAI VAI!
DANÇA, DANÇA, DANÇA!
e ela começa a dançar balançando o que resta do
disfarce de sua carne e eu me afasto dela e vou para o
    bar,
VAI   VAI VAI VAI   VAI VAI   VAI VAI VAI!

ainda resta cerveja, o camarada puxa latas dos
    armários,
o trem ginga ginga correndo a 145   153   158
o maquinista um perdedor também
estourando um barrilete de cerveja entre as pernas,

e eu penso nas batalhas travadas ao longo dos séculos,
as batalhas em pequenos recintos, em campos de
   batalha,
louco, gênio, idiota, farsante,
todos tirando sangue, tudo desperdiçado,
   desperdiçado, desperdiçado,
as baratas vão rastejar por todo lado
sobre a Sinfonia #9 de Schubert,
pra dentro e pra fora dos nossos ouvidos
VAI VAI VAI VAI!!!
no entanto aqui
isso também
significa alguma coisa

e a minha puta voltou e nós bebemos
até que um cara maluco liga o sistema de incêndio
e as luzes se apagam
e ficamos todos sob um chuveiro frio
oba! OBA!   VAI VAI VAI VAI VAI VAI VAI!

alguém desliga a água e liga as luzes
e as mulheres todas ganham cabeças de sapo
o cabelo escorrido, rímel apagado, pálpebras apagadas,
   e elas dão risadinhas,
bolsas e espelhos na mão, pentes na mão, tentando se
   esconder da vida de novo,
e eu desvio meu olhar, tranquilo afinal, pego mais
   umas cervejas,
acho um cigarro seco e o acendo,
e aí como outra chaga
Los Angeles se impõe a nós
e saímos pelas portas
correndo rampas abaixo
OBA!   VAI, VAI, VAI, VAI!

há uma cadeira de rodas no corredor,
e o extrovertido da camisa esportiva azul
senta seu amigo nela,
UM DOENTE! UM DOENTE! ABRAM ALAS!
EI ABRAM ALAS! UM MORIBUNDO!

eles se movem numa tremenda velocidade
para dizer o mínimo, EI! ABRAM ALAS! UM
    DOENTE!
ah, VAI VAI VAI VAI VAI VAI!
ah, VAI VAI VAI   VAI, VAI, VAI!   OBA!!

um guarda os detém e pega a cadeira de rodas
e aí meu amigo da camisa azul
junta o amigo do chão e o coloca sobre o ombro
e se precipita rampa abaixo
EI! EI! ABRAM ALAS, UM MORIBUNDO!

minha puta ainda está comigo quando chego ao meu
    carro
no estacionamento, ela entra
e rodamos pela frente da prefeitura
ingressando na autoestrada, e há mais uma corrida
para correr sem vencedor, e por todos os lados dirigem
pessoas que estavam no jogo de beisebol
ou na praia ou no cinema ou na tia Sarah,
e a puta diz "é o Marmatz. eu simplesmente não sei.
o garoto não quer vencer por mim."

20 minutos depois ela está no meu quarto.

VAI, VAI, VAI, VAI, VAI, VAI!

                      oba.

lá fora tudo está quieto, e dá pra ouvir os bombardeiros
   no alto,
dá pra ouvir os camundongos fazendo amor; dá pra
   ouvi-los cavando
as sepulturas nos cemitérios, dá pra ouvir os vermes
   rastejando para dentro das
órbitas, e o trem no qual viemos, ele está bem
   quietinho agora,
está parado, as janelas nada mostram senão o luar,
há uma tristeza que lembra velhos rios, e é mais real
do que jamais foi.

mesma coisa de sempre, Shakespeare através de Mailer —

para dentro de todos os instantes antes de
morrermos como lenha serrada eu gostaria de
pensar que aquilo que dissemos não
necessariamente nos seguirá para dentro
daquele buraco escuro que não é amor
ou sexo ou nada que conheçamos agora,
e quando os soldados marcharam
Turquia adentro eles tomaram a primeira
vila estuprando as garotas novas
e algumas das velhas também,
e Anderson e eu achamos um café
e sentamos ali bebendo escutando
a força aérea no alto cravando
suas presas e eu disse é a
mesma coisa de sempre Shakespeare através
de Mailer estocando sua esposa com a
mesma coisa mas a coisa errada,
e pensei se nós pudéssemos morrer aqui
agora daqui a um minuto como um instantâneo
de câmera seria bem melhor
todas as mulas e as damas bêbadas
eliminadas   os romances ruins   marcha
presa na lama   é melhor
morrer quando você está pronto
como lâminas de barbear e canções de cerveja
sob uma antiga melodia irlandesa
e aí certo turco deu um tiro
da escadaria e cindiu minha
manga como uma bunda apertada se curvando

e eu atirei de volta como pessoas numa
peça e fiquei pensando
Maria Maria será que
um dia verei Maria de novo, e
a imortalidade não pareceu
nem um pouco importante.

a corda de vidro

o velho era mais velho do que eu
no trem que ia para o sul
ao longo do mar por lá
depois o trem seguiu
por entre penhascos amarelos e
a visão do mar foi cortada e
ele me contou

> "em 1914 levei 400 mulas
> do Missouri à Itália.
> aquelas mulas fediam.
> tive de usar mais de um barco
> mas transportei todas.
> eles usaram as mulas para
> rebocar canhões montanha acima.
> os austríacos e os italianos
> lutaram a guerra toda por cima de
> uma montanha."

o trem saiu do meio dos
penhascos, e lá embaixo no mar
os nadadores nadavam
meninos vinham que nem loucos
sobre pranchas de surfe. eu andei lendo
o *Programa das Corridas*.

> "fizemos pontes de corda entre
> uma montanha e outra
> sempre subindo

e as mulas puxaram o canhão
na travessia."

"pontes de corda?", eu
perguntei.

"era corda de vidro, não tem nada
mais forte, nós esticamos o troço
com uma roda como uma roda de melaço
e a mula e o canhão atravessaram.
não havia força aérea na época e
quando botamos o canhão no topo
apontamos para baixo e
bombardeamos a cidade abaixo
de nós."

eu me separei dele quando o trem chegou ao
hipódromo, ele era um velho
olhando por uma janela.
eu atravessei a ponte, feita de madeira,
sobre um braço de água do mar com
cheiro de podre. caminhei na direção do
hipódromo, estava quente, era um sábado em
agosto de 1964 e o mundo
ainda estava
lutando.

má sorte

há boas coisas em volta se você
procurar bem.
eu me lembro de uma vez no campo de concentração
    alemão
em que agarramos um veado
eles vêm a calhar quando não há mulher disponível
e nós cagamos ele a pau primeiro
e aí passamos ele de mão em mão
e fizemos ele chupar o pau de um cara
enquanto o outro cara arrombava ele
e até mesmo um dos guardas alemães se juntou
e aproveitou um pouco – que noite!
e aquele veado não conseguiu andar por um mês
e certa noite ele foi morto a tiros
tentando escapar pelo arame
e eu me lembro do Harry gemendo
enquanto via o corpo do bicha sendo carregado
com aqueles 2 buracos na cabeça:
"lá se vai o melhor rabo que eu já
peguei!"

às vezes quando fico triste
eu ouço Mahler

nada disso de creme, Harry,
um Moisés peludo como eu só quer procurar abrigo agora
como um retrato de St. Louis na neve, mas não, está
    quente:
óleo suficiente no ventilador, e
preguiçoso demais pra trocar os lençóis sujos,
louco demais pra dar importância.

eu costumava escrever à minha mãe sobre lâminas de
    barbear na minha garganta
sobre o aspecto medonho dos rostos nas pessoas
como seus corpos pareciam alcatrão endurecido
mas a querida mamãe velha morreu de câncer
    enquanto eu me deitava com
uma puta de 130 quilos que veio nadando toda a
    distância desde a
Costa Rica
e precisei arranjar emprego nos pátios ferroviários,
isso mesmo porra, e fico pensando que a última
    navalha na minha garganta
vai entender a divindade do aço e
a não divindade da
espera.

        não tenho escrito, Harry, nada de creme,
porque tenho um lugar nos fundos, eu me refiro a uma
janela dos fundos neste quarto
e eu olho lá fora e tem uma mulher toda hora
    pendurando roupa

tem uns 35
e quando ela se curva pra pegar suas calcinhas e sutiãs
    e lençóis
e náilons da cesta,
ah –
está tudo lá, Harry,
e eu estou *olhando*
OLHOS PULANDO ATRAVÉS DAS VIDRAÇAS
    SUJAS
e fico que nem um colegial espinhento de novo
nunca peguei um rabo como esse,
ali está ela no guingão engomado,
quadrados vermelhos e brancos
e aquela bunda do tamanho do Empire State Building
me olhando na boca
e o sol se atirando sobre tudo
e no canto do meu quarto
um quadrado de manteiga derretendo num prato
um naco de pão seco
e uma aranha no canto
sugando Pepsi-Cola de uma mosca –
creme, Harry, CREME!
                    e
às vezes quando fico triste eu ouço Mahler
ou leio um pouco de Artaud
ou saio no pátio onde cuidam de uma tartaruga
e quando ninguém está olhando
eu queimo o pescoço dela com meu charuto
e quando a cabeça entra no casco eu meto o charuto no
buraco que nem uma pica
quente, mas você sabe, mesmo, não tem nada sendo
    escrito,
porém sigo recebendo rejeições,
e eu escrevo coisa boa, Harry, nada de creme –

só que o verdadeiro gênio não costuma ser reconhecido
em vida
e por isso não perco meu ânimo –
neste momento estou ouvindo "A marcha dos
 contrabandistas"
da Suíte Carmen de Bizet,
que bosta mais melosa,
acho que vou tentar aquele macaco Malone
da *Wormwood* – ele publica Bukowski
portanto publicaria qualquer um. a propósito,
 Bukowski mora no quarto
do outro lado do corredor,
um babaca, outro dia estávamos todos no quarto da
 Jane Suja,
bebendo vinho do porto
e Bukowski arranca as ceroulas da Jane Suja do nada
e manda bala
bem na frente de
todo mundo. sério, ele caiu
de boca. se ele pode
eu também posso. e ele teve a cara de pau de me dizer
"a próxima vez que eu te ver queimando aquela
 tartaruga
eu te mato!"
e ele estava tão bêbado que eu poderia ter derrubado
 ele no chão com um
mata-moscas.
              nada disso de creme, Harry, eu não
                escrevo faz meses
mas a próxima coisa que eu escrever precisa dar
certo, posso sentir as palavras inchando em mim como
 as penas na pica de um gato
entalada no cu de um peru.
o sol está invadindo meus templos

e o papel de parede dança com garotas nuas depois da
     uma da
manhã
eu vejo modos cada vez melhores de lançar um verso
     sólido lá
nas alturas,   sem brincadeira, rapaz, agora é a
hora, minha máquina de escrever é minha
     metralhadora
e RÁ TÁ TÁ TÁ RÁ
O CÉU TODO VAI DESPENCAR   e belas garotas
com olhos de explosão celestial
vão pegar na minha banana; está tudo aqui –
os resíduos do esgoto, as montanhas obtusas,
equidade,
1690 pés cúbicos, anorexia, a sombra de
Marcus Junius Brutus &
uma fita nova na máquina de escrever.
uma foto de Hemingway colada no meu
banheiro.

cristo deus, Harry, eu sou um escritor,
e não é fácil quando sou o único que sabe disso,
com exceção talvez da Jane Suja,
mas vou provavelmente acabar tão famoso um dia
que não serei capaz de me aguentar
e aí vai ser a navalha.
de todo modo, estranho fim
para o mesmo jogo sujo.
                    Bukowski acabou de passar pra pedir
                        emprestada uma lâmina de barbear
                         –
por que será que ele precisa
com aquela
barba toda?

latrina dos homens

olha só esse aqui:
primeiro antes de cagar ele limpa com
tranquila graça a
tampa do assento, realmente *lustra* o maldito
troço
aí ele espalha papel higiênico pelo assento,
bem bonitinho, chegando até mesmo a
suspender um bocado de papel onde sua poderosa
    genitália
balançará, e aí ele baixa com
dignidade e virilidade
suas cuecas e calças
e
    senta e
        caga
quase sem *paixão*
brigando com um velho jornal sujo
entre seus pés e lendo sobre o jogo de basquete
de ontem –
isso que você vê aqui é um Homem: conhecedor do
    mundo, e nada de chatos pro
bebezinho, e uma cagada
tranquila bem
tranquilona, e ele limpa a bunda
enquanto conversa com o sujeito que lava as mãos
na pia mais próxima,
e se você estiver parado por perto
aqueles pequenos olhos de camundongo incidirão
    sobre os seus sem o menor
tremor, e aí –

as cuecas sobem, as calças sobem, o cinto se afivela,
    ressoa a
descarga,
lavam-se as mãos
e aí ele se posta diante do espelho
inspecionando a glória de si mesmo
penteando o cabelo cuidadosamente em perfeitas e
delicadas arremetidas, finalizando,
então botando aquela
cara
perto do espelho
e se olhando por dentro e por fora, então
satisfeito
ele sai
primeiro se certificando de te dar um pé na bunda
ou o ponderoso insulto apavorante de seus olhos
vazios, e aí com
o rodopio de suas emudecidas nádegas egoístas
ele sai do banheiro dos homens,
e sou deixado ali com toalhas de rosto como flores
espelhos como o mar
e sou deixado com a mais doentia das esperanças
de que um dia o ser humano verdadeiro vai chegar
para que haja algo pra salvar
cagar então
nem se
fala.

como um mata-moscas

escreva ao presidente
está chegando
tudo está chegando

um dia você beijará cães na rua
um dia todo o dinheiro de que precisará vai ser
você mesmo

será tão fácil que ficaremos completa ou
aparentemente loucos e
cantaremos por horas
criando mundos e rindo

doce menino jesus
o sonho está tão próximo
dá pra tocá-lo que nem um
mata-moscas
enquanto forçamos caminho pelas paredes rumo ao
sepultamento

a Bomba em si não terá importância
azulões de manteiga de amendoim rebentados perante
    seus olhos não terão
importância

é só
a conformação de luz e ideia e passos largos tudo
amontoado
em bando
caminhando

uma puta noite poderosa
um puta caminho poderoso

é tão fácil

um dia vou entrar numa jaula com um urso
sentar e acender um cigarro
olhar para Ele
e Ele vai sentar e chorar,
40 bilhões de pessoas assistindo sem som
enquanto o céu vira de ponta-cabeça e
racha fundo a
espinha dorsal.

me leva no jogo

as garotas podem levar
de lado
de pé
ou de pernas pro ar sobre suas cabeças
ou sobre a nossa
cabeça

como as garotas podem levar
pela frente ou
por trás
morder
chupar
lamber
chicotear
estapear
socar
esfaquear
queimar
bronzeadas ou banhadas em manteiga orgíaca

bêbadas
sóbrias
chapadas
iradas
tristes
perversas
felizes
fingidoras

as garotas podem levar
tudo o que você
tem e sobra
espaço;
o pouco que você
tem –
pênis, coração, respiração pulmonar, fedor de suor,
gemido de albatroz
intuição de elefante
grito de pulga

velhos verruguentos com língua de porco
rapazes tomados por tristes espinhas

louco e gênio

carniceiros e nazistas
sádicos e simplórios

homens do gás
homens gagás
homens doentes
homens duendes

mensageiros de hotel –

como as garotas podem levar,
dá pra estacionar um furgão de padaria lá dentro
tocando apito

dá pra tocar gaita de boca com ela,
fazer homens pularem de pontes por ela
ou por causa dela
ou por causa dela não,

mas simplesmente não é tão bom assim
peidando
pernas atrás em ridícula posição supina,
é uma espécie de truque da xota pra decepar o azul dos
    nossos
olhos
pra espantar nossa cara como num hospício
rezando por prova de ejaculação
de alguma pré-criada
Masculinidade escolar
de cartolina.

as garotas podem levar
vão levar
podem nos levar
nos transformar num Capitão da Indústria ou
num comedor de merda,
tudo que quiserem

podem nos enterrar, casar conosco
nos açoitar
nos cobrir de glacê feito um bolo
botar nosso pau num pote de aranhas viúvas-negras
e nos fazer cantar
ME LEVA NO JOGO!
as garotas caminhando nas manhãs de domingo
podem nos fazer pensar em Mahler
nas pinturas de Cézanne
elas podem nos fazer pensar em coisas tranquilas
coisas
tranquilas verdadeiras e fáceis;
como elas gingam e deslizam em seus vestidos
amarelos e azuis...

elas deixaram metade dos loucos batendo em suas
    paredes acolchoadas
onde estão elas, deus,
certa vez persegui uma por meio estado em Nevada
e quando a virei de costas
vi que estava perseguindo a mesma bunda
mas ela estava no corpo de outra mulher!

enxuguei bares inteiros na minha fúria,
tentei me afogar
em banheiras sujas de apartamento,
e para quê? –
uma xota.
um buraco na parede.
uma miragem.
queijo no peitoril da janela
coberto de moscas.

como as garotas podem levar.
como as garotas podem vir com tudo.
sem descanso.
os tanques soviéticos entraram em Praga hoje
lotados de crianças.

as garotas usam flores no cabelo.
eu amo todas elas.

eu achei que ia me dar bem

eu tinha acabado de vomitar fora da porta do meu
   carro
misturas vermelhas, vinho, cerveja e uísque.
tarde da noite no sábado
não, cedo na manhã de domingo;
eu não aguentaria muito mais; eu estava sempre
me matando
indo parar em cadeias, hospitais, soleiras de porta,
   pisos...
traduzido para 7 línguas
tema de meia dúzia de cursos de lit. moderna,
eu ainda não sabia nada,
não queria saber;
forcei o último jato
fechei a porta
e rodei a leste pelo Sunset –
quando vi uma coisa com longos cabelos loiros
vomitando, realmente botando pra
fora – expelindo a vida podre o trago podre –
as calças femininas caídas e arrastadas no chão,
bunda nua sob o luar hollywoodiano de cartolina –
a coisa estava realmente passando mal:
ela arfava, então andava um pouquinho,
arfava, aquela bunda branca toda,
e eu pensei, caralho, vou me dar bem –
já faz uns 2 anos e estou cansado de escrever sobre
punhetas –
mas quando me aproximei
percebi que não eram calças femininas e sim
   masculinas;

era só um garoto de cabelo comprido com uma grande
 bunda pelada,
mas ora, como dizia o meu amigão Benny –
"qual diabo é a diferença?"
e eu estava prestes a parar junto dele
quando a viatura o viu
e se intrometeu entre nós
e os dois tiras saltaram
bem felizes e empolgados com seu achado –
"EI, MÃE, QUÊ QUE CÊ TÁ FAZENDO COM O FURO

 DE FORA?"
o garoto afastou as pernas, jogou os braços para o ar.
"EI, VOCÊ!", um dos tiras gritou para mim.
desliguei meus faróis e caí fora devagar como se eu não
 tivesse
escutado. aí pisei fundo na primeira
à direita. na Gramercy Place com Hollywood Blvd. eu
 parei
abri a porta e
vomitei de novo.

pobre filho da puta, pensei, em vez de
levá-lo pra casa ou para um hospital
vão levá-lo pra cadeia – aquela bunda branca toda.
talvez eles se aproveitem um pouco. bem, era tarde
 demais para
mim.

fechei a porta, liguei os faróis, rodei em frente,
tentando lembrar onde eu
morava.

ala beneficente

e me jogaram num porão por 3 dias
e era um lugar muito escuro, e parecia que
todo mundo era louco lá embaixo e isso,
pelo menos, me mantinha feliz. mas volta e meia
um grande filho da mãe que se autodenominava
"Booboo Cullers, o grandão das Avenidas!"
vinha se meter, quero dizer ele saía de sua cama
e ele era enorme e doido e eu estava fraco, muito,
e ele batia nos outros pacientes com seus punhos,
mas eu sempre dava um jeito de rechaçá-lo
eu pegava meu jarro de água
levantava pra trás com a mão esquerda, praguejava
    fazendo mira.
Boo desistia.

depois de despacharem 6 mortos
um por causas naturais
5 pelas mãos do fabuloso Booboo Cullers
o grandão das Avenidas,
amarraram o enorme Booboo
com grande dificuldade,
e eu fiquei olhando enquanto os guardas batiam nele
no rosto e na barriga e na genitália até que ele
parou de gritar e cedeu
e eu sorri e me dei conta do que significava
a palavra Humanismo
apenas o máximo de conforto para o máximo número
    de humanos,
o que no meu entender era
muito bacana.

simples assim

uma das mais lindas loiras do cinema
inacreditáveis seios quadris pernas cintura
tudo,
naquele acidente de carro
a cabeça dela instantaneamente arrancada do
corpo –
simples assim –
lá se foi a cabeça rolando pelo acostamento da
estrada,
batom nos lábios, sobrancelhas delineadas, pó
    bronzeador aplicado,
bandana nos cabelos, ela foi rolando
como uma bola de vôlei
e o corpo ficou sentado no carro
com aqueles seios quadris pernas cintura,
tudo,
e no necrotério eles juntaram a cabeça de novo,
costuraram a cabeça
de volta,
deus do céu, disse o cara com a linha,
que desperdício.
aí ele saiu e foi pedir um hambúrguer, batata frita
e 2 xícaras de café,
preto.

ligação telefônica da minha filha de cinco anos em Garden Grove

oi, Hank!
ainda estou subindo na árvore e não
caí, então acho que nunca vou cair
agora...
terça de noite! mamãe, mamãe, o Hank vem nos visitar
terça de noite! podemos dormir juntos, Hank?
que bom. e podemos brincar na caixa de areia antes
do jantar.
sabe, a gente limpou a caixa, vovó e mamãe e eu,
tiramos um monte de aranhas com a mangueira e
limpamos o toldo. só tem um lugar em que ela tá
toda fodida... falei o quê?, "só tem um lugar
em que ela tá toda fodida"
é embaixo no canto
e você e eu podemos cavar
pra tirar a gosma
de lá...

a massa solar: alma:
gênese e geotropismo:

permitam-me agora tentar
atenuar a grandeza laríngea de Veechy:
pois que homem do tempo poderia ter
dito:
"Espiões, Espadas, Espinhos – externo extrapsino.
Oósporo aguilhão do ofito opino."
Bigorna!
e isso foi antes de
Pound, Olson, Williams, John
Muir.
"Planos planímetros planifólios!", certa vez ele me
escreveu.
"Pelas barbas da rocha quinquangular", retorqui
eu, "acertou em cheio!"
eu o visitei na Itália no Dia de Todos os Tolos
e sua autoridade nos pulvilos pontilhados
nunca me deixou em dúvida
umbrosa.
"Trépano", ele disse, "ode – uíste! – fragrantes
　astrágalos."

foi a última vez. que. o vi. Veechy tinha
embocaduras brasonadas, criptônimos, drosômetros;
que o favoso favor dele
ressoe pela ruma,
rubefaciente, causando também o ruído na
rutabaga.

viciado em cavalo

nós trabalhávamos em banquetas lado a lado.
ele era negro e eu era branco
mas não é uma história racial –
nós éramos camaradas de apostas em cavalo
e ficávamos ali sentados enfiando cartas
a noite toda e por horas extras.
nossos olhos pareciam olhos de drogados:
estávamos viciados em Cavalo.
pelas 2 da manhã eu dava um salto e jogava minhas
   cartas todas no chão,
"ah, jesus!", eu gritava, "ah, jesus cristo!"
"o quê o quê?", meu camarada perguntava.
eu ficava ali parado com um cigarro queimando meus
   lábios:
"ah, jesus do céu, eu saquei! eu saquei! ah, jesus do céu,
é tão simples! me veio do nada! por que é que eu nunca
   tinha pensado?"
"o que é?", ele perguntava, "me conta."
então o supervisor vinha ver:
"Bukowski, qual é o maldito problema com você? cuide
   da sua estante! você
enlouqueceu?"
eu ficava ali parado e acendia calmamente um novo
   cigarro:
"escuta, bebê, cai fora! você me irrita! vou ser o
   primeiro a te contar, bebê,
meus dias de trabalho aqui estão definitivamente
   contados! eu saquei! eu realmente saquei
agora!"
"seus dias de trabalho aqui, Bukowski, estão

definitivamente contados! agora cuide da sua estante e
pare de gritar!"
eu olhava pra ele como um cocô de cachorro e pegava o rumo da
latrina. por que é que eu não tinha pensado antes? eu ia comprar uma casa em Hollywood
Hills, beber e trepar a noite toda, ficar na jogatina o dia todo.
então eu voltava, calmo.
ficava tudo bem até 4 da manhã e aí meu camarada dava um salto
jogando a correspondência pela estante toda:
"está tudo acabado! está tudo acabado! eu saquei! ah, meu deus, eu saquei!
é tão simples! tudo que você precisa fazer é pegar o cavalo que..."
"sim, sim?", eu perguntava.
e o supervisor vinha correndo de novo
e perguntava ao meu camarada:
"e agora qual é o maldito problema com você? tá louco também?"
"escuta, cara, sai fora! tira essa cara da minha cara
ou eu te tiro no tapa!"
"tá me ameaçando, cara?"
"eu tô te dizendo, já era pra mim esse emprego! agora sai
fora!"

nós corríamos ao hipódromo no dia seguinte pra cair matando
mas de noite já estávamos de volta em nossas banquetas postais, como
sempre. sem dúvida, não faz muito sentido trabalhar a 20 ou 30 pratas por noite

quando você perde 50 pratas por dia. ele largou
 primeiro e eu logo
larguei atrás. vejo ele na pista todos os dias agora.
a esposa cuida dele. "eu finalmente aperfeiçoei minha
 jogada", ele me diz.
"claro", eu digo e me afasto pensando, esse filho da
 puta é *realmente* louco,
então vou até o guichê de 5 pela vitória pra apostar no
 meu esquema mais recente,
basta pegar a média de velocidade, acrescentar os 2
 primeiros números na coluna de
dinheiro recebido, aí você...

que se foda

que se fodam os censores
e se foda o joe rabisco
e que o se foda se foda
e se foda você
e me foda eu
e se foda o pé de mirtilo
e um pote de maionese
e se foda o refrigerador
e o padre
e os 3 dentes da última freira
e se foda a banheira
e se fodam as torneiras
e se foda a minha garrafa de cerveja
(mas tome cuidado)

que se foda a espiral
e a névoa poluída
e os calçamentos
e os calendários
e os poetas e os bispos e os reis e
os presidentes e os prefeitos e os vereadores
e os bombeiros e os policiais
e as revistas e os jornais e os sacos de
papel marrom
e o mar fedorento
e os preços que sobem e os desempregados
e escadas de corda
e vesículas biliares

e médicos desdenhosos e assistentes hospitalares e
 enfermeiras
queridas

e se foda a coisa toda,
você sabe.

ponha mãos à obra.

bote pra fora
e comece.

2 poemas imortais

uns 2 poemas imortais por noite
são mais ou menos tudo que me permito
escrever.
é razoável – não há muita competição.
além disso, é mais prazeroso
ficar bêbado
do que durar
para sempre.

é por isso que as pessoas
compram mais bebida alcoólica
do que Shakespeare...

quem *não* preferiria aprender a
escapar pelo gargalo de uma
garrafa
ou por uma cigarrilha *Zig-Zag*
perfeitamente enrolada
em vez de um livro?

2 poemas imortais por noite são
suficientes...
quando ouço aqueles saltos altos
estalando pelos degraus da minha
porta...
eu sei que a vida não é feita de papel
e imortalidade
mas daquilo que somos
agora; e enquanto
o corpo dela, os olhos, a alma

vão entrando no
quarto

a máquina de escrever se senta como um mimado e
acabado, muito bem alimentado
cachorro...

nós nos abraçamos
no interior do minúsculo lampejo
de nossas
vidas

enquanto a máquina de escrever
uiva
silenciosamente.

O.C.E.U.C.S.

em piedade nanica as armas se direcionam para casa,
e as latas de café desejam o verso do século 18;
o tabloide é sombrio com tiras de quadrinhos e
estatísticas de beisebol –
enquanto os egípcios cospem em cães e o esquisitão
engole lâmpadas no Metropolitan Museum of
Art; é embornal e propaganda barulhenta,
a pontuação é regular
o linho está enjoado no encouraçado
e o Capitão Claypool vomita sempre à meia-noite
com asseio;
o destino é a caixa de sapatos e o prêmio é
bala puxa-puxa
com cem anos de idade, e ninguém diz
que os animais roxos e verdes
lá atrás junto às latas de lixo vão
determinar para que lado o vapor vai
soprar;
retratos de Dempsey e Tunney
rastejam pelo cérebro como
lesmas; e o éter é o cheiro da sua psique
morta;
então, só pode ser isso:
tirar os seus sapatos
durante tardes doentias
permite aventuras que rasgariam o crânio como um
dente de leão, e a sra. Carson McCullers está
morta faz muito tempo agora
de
bebida e

grandeza, e o coração ainda singra como um bumerangue.

a lésbica

(dedicado a todas elas)

eu estava sentado no meu sofá certa noite,
como de costume, de cueca e camiseta,
bebendo cerveja e sem pensar em grande coisa
quando houve uma batida na porta –

"uuh huuu! uuh huuu!"

que diabo agora?, pensei.

"uuh huuu! uuh huuu!"

"o que é?", perguntei.

"consegui uma magrinha! consegui uma magrinha pra você!"

uma magrinha?
o som era de voz feminina.

"espera um minuto", pedi.

fui até o banheiro, vesti uma camisa rasgada e minhas calças chino sujas. então saí e abri a porta.

era a lésbica que morava nos fundos.

"comprei uma magrinha pra você", ela disse.

"ah é?"

ela estava de suéter justinho e short,
ela ligou o luar.

"tá vendo? perdi 9 quilos! você gostou?"

"entra", eu falei.

ela sentou na cadeira diante de mim e
cruzou as pernas.

"não conta pra senhoria que eu vim aqui."

"não se preocupe", falei.

e ela cruzou as pernas no outro sentido. as pernas
 tinham
grandes machucados roxos por todo lado. fiquei
 imaginando quem
os teria botado ali.

ela falou e fez perguntas, falou e fez perguntas –
quem era aquela mulher que veio aqui com a
 garotinha? a minha garotinha, era
a minha garotinha? sim, mas elas não moravam aqui.
 puxa, que legal.
o pai dela a sustentava, o pai lhe dava um monte de
 dinheiro, o pai era um
cara legal. aquela pintura na parede era minha? sim,
 era. ela entendia um pouco de
Arte – ela disse. eu tinha uma namorada? o que é que
 eu fazia quando eu não estava dormindo?

ela falou e fez perguntas, falou e fez perguntas. eu
    estava entediado,
completamente aéreo.

na minha juventude
eu achava que podia alterar a natureza,
mas uma lésbica tinha mostrado ser pura madeira –
madeira com olho de nó –
e a outra
(eu tentei duas vezes)
tinha quase me matado,
correndo atrás de mim por três lances de escada e
por meio
Bunker Hill.

aquela diante de mim se levantou
se aproximou, então esfregou os seios na minha
cara –

"não quer um pouquinho, não?"

"hmm hmm."

ela apontou para um troninho no canto –

"você ainda usa aquilo?"

"ah sim. pinica um pouco as minhas nádegas mas me
    traz
boas lembranças..."

"boa noite!" ela correu até a porta, abriu, bateu
com força.

"boa noite", eu
disse, e aí terminei minha garrafa de cerveja, pensando,
qual será o problema com
ela hoje?

*

depois teve um homem com perninhas minúsculas
    correndo lá
atrás. ele tinha um corpo comprido, e aquelas
    perninhas minúsculas
começavam onde estariam os joelhos de um homem
    comum
e o cara ia correndo com aquelas perninhas minúsculas
levando cestas de comida para a lésbica lá atrás.

minha nossa, tem algo de errado com aquele pobre
    sujeitinho,
pensei.

o senhorio o escorraçou de lá certa manhã pelas 5
    horas

"ei! que diabo cê tá fazendo aí em cima? some
daqui!"

"eu trouxe comida pra ela! eu trouxe comida pra ela!"

"some daqui!"

o senhorio correu atrás dele pela entrada da garagem.
    "você tá lá em cima todo
santo dia às 3 da manhã. eu tô ficando de saco cheio!
    você não dorme nunca?
qual é o maldito problema com as suas pernas?"

"eu durmo! eu durmo! eu trabalho de noite!"

eles passaram correndo pela minha janela.

"você trabalha de noite? qual é maldito problema com
 você? por que você não arranja um emprego
durante o dia?"

o perninhas apenas seguiu correndo. ele fez uma curva
 rápida contornando uma cerca viva e subiu a
rua. o senhorio gritou atrás dele:

"idiota desgraçado! você não sabe que ela é sapatão?
 que diabo você vai fazer com uma
sapatão?"

não houve resposta, é
claro.

*

depois o sujeito do pátio contíguo, um cara tendendo
 um pouco pro lado
subnormal, herdou 20 mil
dólares. quando eu vi já estava escutando a voz da
 lésbica
lá dentro. as paredes eram bem finas.

deus, ela ficou de joelhos e esfregou todos os
pisos. e não parava de sair pela porta dos fundos com o
lixo. ele devia estar com um ano de lixo acumulado lá
dentro. toda vez que ela corria pelos fundos a porta de
 tela

batia – bam! bam! bam!, deve ter batido 70 vezes em uma
hora e meia. ela estava mostrando para ele.

meu quarto era contíguo ao deles. de noite eu escutava o cara comendo
ela. não havia muita ação. meio morto. só um corpo em
movimento. adivinha qual.

poucos dias depois a lésbica começou a dar ordens –
vindo da cozinha –
"ah não, garoto! de pé! de pé! você não pode ir pra cama a essa hora
do dia! não vou arrumar a sua cama duas vezes!"

e uma semana depois acabou. não voltei a escutar a voz dela.
ela estava de novo na casa dela nos fundos.

eu estava parado na minha varanda um dia pensando a respeito –
pobre coitada. por que é que ela não arranja uma namorada? não tenho preconceito, não
tenho nada contra nenhuma lésbica, não senhor! Safo por exemplo. eu não
tinha nada contra Safo
tampouco.

aí levantei o rosto e lá vinha ela pela
entrada da garagem, era tarde demais para fugir pra dentro
de casa. fiquei bem quieto, tentando ser parte da varanda.

ela se aproximou com seu short branco e o pescoço
    curvado como um abutre e
aí me viu e fez um som incrível:
"YAWK!"

"bom dia", eu disse.

"YAWK!", ela fez de novo.

caramba, pensei, ela acha que eu sou um pássaro. entrei
    às pressas na minha casa e
fechei a porta, espiei pelas
cortinas. ela estava lá fora respirando
forte. então ela começou a abanar os braços pra cima e
    pra baixo, fazendo
"YAWK! YAWK! YAWK!"

ela pirou, eu
pensei.

então lentamente lentamente ela começou a subir pelo
ar.

ah não, pensei.

ela estava um metro acima da cerca viva,
abanando o ar – os seios quicando tristemente,
as pernas gigantes dando coices
procurando apoio no
ar. aí ela subiu, mais e
mais alto. ela estava acima dos prédios residenciais,
    subindo
pela névoa poluída de Los Angeles. então ela pairou
    sobre o Sunset Boulevard

bem alto acima do Banco Crocker-Citizens, e
então vi outro objeto que vinha voando do
sul. ele parecia ser só corpo com umas perninhas curtas
atrás. aí eles voaram um ao
encontro do outro. quando vi os dois se abraçando em
　　pleno ar
eu me virei, entrei na cozinha e
baixei todas as
cortinas.
e esperei pelo fim do
mundo.
minha cabeça ressoava como um sino
e eu comecei a chorar.

um poema para mim mesmo

Charles Bukowski   contesta o incontestável
                     trabalhava nos Correios
                     assusta pessoas nas ruas
                     é um neurótico
                     inventa as merdas que escreve
principalmente as partes sobre sexo

Charles Bukowski   é o Rei dos Poetas Teimosos
Charles Bukowski   trabalhava nos Correios
Charles Bukowski   escreve com dureza e age com
                       medo
                     age com medo e escreve com
                       dureza
                     inventa as merdas que escreve
principalmente as partes sobre sexo

Charles Bukowski   tem $90.000 no banco e está
                     preocupado
Charles Bukowski   vai ganhar $20.000 por ano nos
próximos 4 anos e
                     está preocupado

Charles Bukowski   é um bêbado
Charles Bukowski   ama sua filha
Charles Bukowski   trabalhava nos Correios

Charles Bukowski   diz que odeia leituras de poesia
                       em público
                     faz leituras de poesia em público

| | e tem chiliques quando o cachê é inferior a |
| | $50 |

Charles Bukowski	ganhou uma crítica boa na *Der Spiegel*
Charles Bukowski	foi publicado na Penguin Poetry Series #13
Charles Bukowski	acabou de escrever seu primeiro romance
	tem dois pares velhos de sapato – um preto, outro marrom
Charles Bukowski	foi certa vez casado com uma milionária
Charles Bukowski	é conhecido no underground

Charles Bukowski	dorme até o meio-dia e sempre acorda de ressaca
Charles Bukowski	foi louvado por Genet e Henry Miller
	muita gente rica e bem-sucedida gostaria de ser
Charles Bukowski	

Charles Bukowski	bebe e conversa com fascistas, revolucionários, babacas, putas e loucos
Charles Bukowski	não gosta de poesia
	parece um lutador mas apanha todas as vezes
	ele bebe scotch ou vinho

Charles Bukowski	foi funcionário dos Correios por onze anos
Charles Bukowski	foi carteiro nos Correios por 3 anos
	escreveu *Notas de um velho safado*
	que está em livrarias do Canal do Panamá até
	Amsterdã
Charles Bukowski	se embebeda com professores universitários e os manda
	chupar merda;
	certa vez bebeu meio litro de uísque num só gole numa festa
	para caretas, e o que é que
Charles Bukowski	estava fazendo lá?
Charles Bukowski	está nos arquivos da Universidade de Santa Barbara
	foi o que provocou os tumultos em Isla Vista
Charles Bukowski	se deu bem – ele pode foder um gambá numa cloaca
	e se sair com um royal flush num furacão texano
	quase todo mundo quer ser
Charles Bukowski	
	se embebedar com

Charles Bukowski

       todas as garotas de cabelos
          pretos com bocetas
          apertadinhas querem
       dar para

Charles Bukowski

       até quando ele fala de suicídio

Charles Bukowski   sorri e às vezes ri

       e quando seus editores lhe dizem
       mal chegamos no adiantamento
          ainda
       ou nós não fizemos a nossa
          tabulação bianual
       mas você se deu bem

Charles Bukowski

       não se preocupe

       e a Penguin Books cobra de

Charles Bukowski   2 libras devidas depois que

       a primeira edição se esgotou,
          mas não se preocupe, nós
       faremos uma segunda
       edição,
       e quando o bebum no sofá cai de
          cara
       e Charles Bukowski tenta botá-
          lo de volta no sofá
       o bebum lhe dá um soco no
          nariz

Charles Bukowski   já teve até uma bibliografia
          escrita a seu respeito
       ou tabulada a seu respeito

       ele simplesmente não erra
       seu mijo não fede
       tudo está ótimo,
       ele se embebeda até com seu
        senhorio e sua
       senhoria, todo mundo gosta
        dele, acha que ele é
       só só só...

Charles Bukowski tem ombros caídos
       ele dá bicadas em teclas que não
        respondem ao chamado
       sabendo que se deu bem
       sabendo que ele é excelente
Charles Bukowski está indo à falência
       está falindo
       num período de aclamação
       num período de professores e
        editores e boceta
       ninguém poderá entender que
        suas últimas cédulas
       estão queimando mais rápido do
        que
       cocô de cachorro encharcado de
        gasolina F-310
       e Marina precisa de sapatos
       novos.
       claro, ele não entende o
       intangível, mas
       entende.

Charles Bukowski não tem noção
       ele se debruça sobre uma
        máquina de escrever

bêbado às 3:30 da manhã
que outra pessoa leve a bola
ele está machucado e sua bunda
    foi
chutada

já era
a noite está se mostrando

Charles Bukowski, querido garoto,
o jogo está terminando e você
jamais passou
do meio-campo,
seu imprestável.

fato

eu tenho 90 mil dólares
no banco
tenho 50 anos de idade
peso 130 quilos
nunca acordo com despertador
e estou mais próximo de Deus
do que o
pardal.

canção de blues

perdão pelo território do meu pranto –
é impróprio, eu sei,
talvez até
hostil

mas o bacon está queimando
o bacon está queimando

noites altas
armadas com metralhadoras
circundam minha tonta e covarde
cama

o bacon
está
queimando

então limpemos nossos tolos
traseiros
finjamos que somos coisas
agradáveis e significativas

não é esse o som
para tentar lograr
o truque mais sujo de
todos?

abundância sobre a terra

todos esses aí,
abundância sobre a terra,
dando aula de inglês nas universidades
e escrevendo
poesia
sem perna
sem cabeça
sem umbigo

sabendo onde se candidatar para
bolsas e
ganhando as bolsas e
mais bolsas
e escrevendo mais
poesia
sem mão
sem cabelo
sem olho

todos esses aí,
abundância sobre a terra,
encontraram um esconderijo
e conquistaram até mesmo esposas para
atrelar a suas bobas
almas

esses aí
fazem viagens pagas
às ilhas
à Europa
Paris

qualquer lugar
com o propósito
segundo se diz
de colher
material
(para o México eles simplesmente correm por conta
 própria)

enquanto as cadeias estão superlotadas com os
inocentes extraviados
enquanto os trabalhadores braçais descem
nas minas
enquanto filhos idiotas dos pobres
são demitidos de empregos nos quais
esses aí
jamais sujariam suas mãos e
almas

esses aí,
abundância sobre a terra,
se juntam nas universidades
leem seus poemas uns
para os outros
leem seus poemas para
os estudantes

esses aí
fingem sabedoria e
imortalidade
controlam as publicações

abundância sobre a terra
enquanto se formam as filas nas prisões para
 semijantares

enquanto 34 trabalhadores braçais estão presos numa
mina

esses aí

embarcam num navio para uma ilha do mar do sul
para compilar uma antologia
poética dos
amigos

e/ou

aparecem em manifestações antiguerra
sem sequer fazer ideia
do significado de qualquer espécie
de guerra

abundância sobre a terra
eles estão desenhando um mapa da nossa
cultura –
uma divisão do zero,
uma multiplicação de
despropositada
graça

"Robert Hunkerford dá aula de inglês na
S.U. Casado. 2 filhos, cão de estimação.
Esta é sua primeira coletânea de
versos. Trabalha atualmente numa
tradução dos poemas de
Vallejo. O sr. Hunkerford foi agraciado
com um Sol Stein no ano passado."

esses aí,
abundância sobre a terra,
dando aula de inglês nas universidades
e escrevendo
poesia
sem pescoço
sem mão
sem colhões

esse é o modo e o costume
e o motivo pelo qual as pessoas
não entendem
as ruas
o verso
a guerra
ou
suas mãos sobre a
mesa

nossa cultura está escondida nos sonhos rendados de
nossas aulas de inglês
nos vestidos rendados de nossas aulas
de inglês

aulas americanas,
é disso que precisamos,
e poetas americanos
das minas
das docas
das fábricas
das cadeias
dos hospitais
dos bares
dos navios

das usinas siderúrgicas.
poetas americanos,
desertores de exércitos
desertores de manicômios
desertores de esposas e vidas sufocantes;
poetas americanos:
sorveteiros, vendedores de gravata, jornaleiros de
    esquina,
armazenistas, estoquistas, mensageiros,
cafetões, operadores de elevador, encanadores,
    dentistas, palhaços, passeadores
de cavalos, jóqueis, assassinos (temos ouvido falar dos
assassinados), barbeiros, mecânicos, garçons,
    carregadores de hotel,
traficantes, pugilistas, bartenders, outros outros
outros

até que estes apareçam
nossa terra permanecerá
morta e envergonhada

a cabeça guilhotinada
e falando aos estudantes
na aula de Inglês II

essa é a sua cultura
mas não a
minha.

canção de amor

eu comi a sua xota como um pêssego,
engoli a semente
a lanugem,
trancado entre as suas pernas
eu chupei e mastiguei e lambi e
engoli você,
senti o seu corpo todo se sacudindo e retorcendo como
um corpo
metralhado
e eu moldei minha língua numa ponta
e os sucos desceram escorrendo
e eu engoli
enlouquecido
e chupei suas entranhas todas para fora –
sua xota inteira chupada pra dentro da minha boca
eu mordi
eu mordi
e engoli
e você também
ficou louca
e me afastei e beijei
então sua barriga
seu umbigo
então deslizei de volta para dentro de suas pernas de
 flor branca
e beijei e mordi e
mordisquei,
o tempo todo
mais uma vez
os fabulosos pelos da xota

acenando e acenando
e fico afastado pelo máximo tempo suportável
então me joguei na coisa
chupando e lambendo,
pelos na minha alma
xota na minha alma
você na minha alma
numa cama milagrosa
com crianças gritando lá fora
enquanto andam de patins
bicicletas às
5 da tarde
nessa maravilhosa hora das
5 da tarde
todos os poemas de amor foram escritos:
minha língua penetrou sua xota e sua alma
e a colcha azul estava lá
e as crianças no beco
e aquilo cantava e cantava e cantava e
cantava.

poema para Dante

Dante, bebê, o Inferno
é aqui agora.
eu queria que você pudesse
ver. por certo tempo
tivemos o poder de
explodir a terra
e agora estamos descobrindo
o poder de abandoná-
la. mas a maioria terá de
ficar e
morrer. ou pela Bomba
ou então pelo refugo de ossos
empilhados
e outros recipientes vazios,
e merda e vidro e fumaça,
Dante, bebê, o Inferno
é aqui agora.
e as pessoas ainda contemplam rosas
pedalam bicicletas
batem relógio de ponto
compram casas e pinturas e carros;
as pessoas continuam a
copular
em todos os lugares, e os jovens olham em volta
e gritam
que este deveria ser um lugar melhor,
como sempre fizeram,
e aí ficaram velhos
e entraram no mesmo jogo sujo.
só que agora

todos os jogos sujos dos séculos
se somaram a um placar que parece quase
impossível de reverter.
alguns ainda tentam –
nós os chamamos de santos, poetas, loucos, tolos.
Dante, bebê, ó Dante, bebê,
você devia ver a gente
agora.

as condições

atualmente, sob as condições do sol
meu mundo está terminando.
marcado pelo verme,
contestado por uma população mundial
que a mim não tem referência.
atualmente, sob as condições do sol
meu mundo está terminando.
meus amigos, quase nunca houve
um tempo amável.
demonstrei coragem, bebedeira e
medo.
o coração segue funcionando
em meio ao terror inquestionável.

sob as condições do sol
preparo-me para largar
o labor, a dor e qualquer
honra que reste.

29 uvas geladas

o processo de aprender é tortuoso

todos esses moinhos de vento

toda essa transição sangrenta

pias tampadas

mentes de papel higiênico

a mentira do amor, aquela puta pelada

cães com mais almas do que aqueles milionários de Pittsburgh

homens arruinados que achavam a graça mais eterna do que astuciosa

o processo de viver é curto demais e longo demais
longo demais para os velhos que nunca descobrem
curto demais para os velhos que descobriram
prematuro demais para os jovens que nunca sabem
excessivo demais para os jovens que descobrem

o processo de continuar é possível
com ajuda de álcool ou droga ou sexo
ou ouro ou golfe ou música sinfônica,
ou caça de cervos ou aprender a dançar a galinha maluca
ou ver um jogo de beisebol ou apostar num cavalo

ou tomar 6 banhos quentes por dia
ou insistir na ioga
ou virar um batista ou um violonista
ou ganhar uma massagem ou ler os quadrinhos
ou se masturbar ou comer 29 uvas geladas
ou discutir sobre John Cage ou ir ao zoológico
ou fumar charutos ou mostrar seu peru para garotinhas
 no parque
ou ser negro e comer uma garota branca
ou ser branco e comer uma garota negra
ou passear com um cão ou alimentar um gato ou
 xingar aos gritos uma criança
ou fazer as palavras cruzadas ou sentar no parque
ou frequentar faculdade ou pedalar uma bicicleta ou
 comer espaguete
ou ir a leituras de poesia ou ler poesia em público
ou ir ao cinema ou votar ou viajar à Índia ou
Nova York ou surrar alguém
ou polir prataria ou lustrar os sapatos
ou escrever uma carta ou encerar o carro
ou comprar um carro novo ou um tapetinho
ou uma camisa vermelha com bolinhas brancas
ou deixar crescer a barba ou cortar rente o cabelo
ou ficar parado na esquina suando com cara de
 inteligente
o processo de continuar é possível.

o processo de aprender é tortuoso

todas as pessoas sem esperança
e sem jamais saber

a flor silvestre é o tigre que comanda o universo
o tigre é a flor silvestre que comanda o universo

e as loucas e incomparáveis criaturas humanas com
 almas de barata
que sou chamado a amar e odiar e ter em convívio,
essas deverão verdadeiramente um dia sumir
na força de dinossauro de sua feiura
para que o sol não se sinta tão mal assim
para que o mar possa expelir os navios e o óleo e a
 merda
para que o céu possa se limpar da mesquinha cobiça
 delas
para que a noite possa se distinguir do dia
para que a traição possa virar o mais ínfimo dos
 anacronismos
para que o amor, provável iniciador de tudo, possa ter
 outro início
e durar e durar e durar e durar e durar e durar e
durar e durar e durar e durar

queimando na água, afogando-se na chama

pessoas copiadas em carbono
escolhendo roupas e sapatos e objetos
pessoas copiadas em carbono
entrando em edifícios e saindo deles,
vendo o mesmo sol
a mesma lua,
lendo o mesmo jornal
olhando os mesmos programas
tendo as mesmas ideias,
dormindo ao mesmo tempo,
levantando ao mesmo tempo,
comendo a mesma comida,
dirigindo os mesmos carros pelas mesmas autoestradas
pessoas copiadas em carbono
com filhos copiados em carbono
em casas copiadas em carbono
com Natais e Anos Novos copiados em carbono
e aniversários e vidas e
mortes
e gramados e lava-louças e tapetes
e vasos e amores e cópulas, e
elas têm dentistas copiados em carbono e
prefeitos e governadores e presidentes copiados em
    carbono
todas vendo o mesmo sol e a mesma lua,
ó caixões copiados em carbono
ó túmulos copiados em carbono
ó enterros copiados em carbono
sob a mesma lua,
a grama copiada em carbono a geada

as lápides copiadas em carbono,
a risada copiada em carbono
os gritos copiados em carbono
as piadas copiadas em carbono
os poemas copiados em carbono
a cópia em carbono copiada em carbono
loucos e bêbados e drogados e estupradores
e cães e gatos e pássaros e cobras e aranhas,
há um excesso de todas as coisas tudo parecido,
eu tenho dedos e há dedos em todos os lugares,
se eu entro por uma porta devo sair por uma porta,
faço cocô e há cocô em todos os lugares,
tenho olhos e há olhos em todos os lugares.
tenho pesadelos e há pesadelos em todos os lugares,
se durmo devo acordar,
se trepo devo parar de trepar,
se como devo parar de comer,
não posso fazer nada que quero,
estou trancado numa repetição de mesmice...
estou queimando na água
estou me afogando na chama
sou lançado em nuvens de açúcar que mijam vinagre,
mas você também e eles também e nós também,
e pensamentos e lutas
contra um dínamo de similares contorções,
ajuda ajuda ajuda ajuda ajuda ajuda ajuda
eu dou o grito de ajuda copiado em carbono contra o
    céu copiado em carbono,
que todo esse carbono e papelão contêm sangue e dor,
até mesmo amor e história e esperança,
esse é o empecilho, ou esse é o truque?
como poderemos saber? os psiquiatras e pregadores e
    filósofos

copiados em carbono nos dizem coisas copiadas em
 carbono...
morte? existe morte? talvez o portão se abra
e nós seremos acolhidos por anjos torrados e
 torturados
onde seremos afinal trapaceados numa insuficiente
 Eternidade,
uma piada pior do que a Vida...
não seria uma merda?
escapar de homens como alavancas de câmbio e
 mulheres como
carne de cavalo, apenas para
despontar em algo pior? ah,
pense então nos irritados suicídios
nos heróis mortos de guerras mortas...
nas crianças atropeladas,
nos santos queimados na fogueira –
todos eles defraudados, enrolados, dopados,
vendidos a uma escravidão pior do que ranho
cante as suas mortes cante as suas mortes cante as suas
mortes, cante a sua vida, cante
a vida, isso não é nada
bom, isso não é nada
bom. meu deus, esqueci de botar um
papel-carbono embaixo desta
folha...

desculpa para uma possível imortalidade

se não conseguirmos fazer literatura com nossa
agonia

o que é que faremos com
ela?

mendigar nas ruas?

eu gosto dos meus pequenos confortos
igual a qualquer outro
filho da
puta.

bem, agora que Ezra morreu...

bem, agora que Ezra morreu
nós veremos inúmeros poemas escritos
sobre Ezra e o que ele significava e quem ele
era e como a coisa ia
e como vai continuar com
Ezra desaparecido.
bem, eu morei com uma alcoólatra
por 7 anos
e eu costumava trazer os *Cantos* pra casa pela
porta, e ela costumava dizer
"Pelo amor de Deus, você pegou o POUND outra vez?
    Você sabe
que não consegue lê-lo. Você trouxe
vinho?"
ela estava certa. eu não conseguia ler os *Cantos*.
mas eu geralmente trazia vinho
e nós bebíamos o
vinho.
não sei por quantos anos peguei e devolvi aqueles
Cantos na biblioteca pública no
centro
mas eles estavam sempre disponíveis nas estantes da
seção de Literatura e Filologia.

bem, ele morreu, e afinal passei do vinho à
cerveja; imagino que ele fosse um grande escritor
é só que eu sou muito preguiçoso nos meus hábitos de
    leitura.
detesto qualquer tipo de estilo imaculado,
mas mesmo assim sinto um apreço bem caloroso por
    ele e Ernie

e Gertie e James J., todo aquele bando
agarrando a primeira guerra mundial
tornando disponíveis os anos 20 e 30
ao modo especial deles; depois houve a 2ª guerra
    mundial,
Ezra apoiou um perdedor e pegou 13 anos com os
doidinhos, e agora está morto aos 87 e sua amante está
sozinha.

bem, este é só mais um poema sobre Ezra Pound
com a ressalva
de que nunca consegui ler ou entender os *Cantos*
mas aposto que os carreguei de um lado a outro mais
    do que
qualquer um, e todos os rapazinhos
estão tentando retirá-los na biblioteca
esta noite.

verrugas

eu me lembro melhor da minha vó
por causa de todas as verrugas dela
ela tinha 80 anos e as verrugas eram
enormes
eu não conseguia tirar os olhos de suas
verrugas
ela vinha para Los Angeles todos os domingos
de ônibus e bonde desde Pasadena
sua conversa era sempre a mesma
"eu vou enterrar todos vocês"
"você não vai me enterrar",
meu pai dizia
"você não vai me enterrar",
minha mãe dizia
então sentávamos para um jantar
dominical
depois da despedida minha mãe dizia
"eu acho terrível o jeito como ela fala
que vai enterrar todo mundo."
mas eu até que gostava
dela sentada ali
coberta de verrugas
e ameaçando enterrar todos
nós
e quando ela comia o jantar
eu observava a comida entrando em sua boca
e olhava suas
verrugas
eu a imaginava indo ao banheiro
e limpando o traseiro

e pensando,
eu vou enterrar todo mundo
o fato de que ela não enterrou
foi até meio triste para
mim
certo domingo ela simplesmente não estava
lá, e foi um
domingo bem mais chato
outra pessoa teria que
nos enterrar
a comida mal tinha gosto
também

meus novos pais

(para o sr. e a sra. P.C.)

ele tem 60 anos. ela tem 55. eu tenho 53.
nós sentamos e bebemos na cozinha
deles. esvaziamos nossas cervejas de um litro
e fumamos um cigarro atrás do outro.
somos bebuns bobos. as horas voam.
discutimos religião, futebol,
estrelas de cinema.
digo a eles que eu poderia ser uma estrela de cinema.
ele me diz que é uma estrela de cinema.
um rádio vermelho toca música atrás
de nós.
"vocês são os meus novos pais", digo a eles.
eu me levanto e beijo ambos
no alto da cabeça.
ele tem 60 anos. ela tem 55. eu tenho 53.
meus novos pais.
eu ergo meu litro de cerveja:
"eu compro da próxima vez, o trago é por minha conta
da próxima vez."
eles não respondem.
"vou estar de volta em meados de janeiro,
vou trazer um presente, vou trazer um presente
valendo uns 14 dólares."
"como estão os seus dentes?", ele pergunta.
"estão bem, o que restou deles."
"se precisar de dentes procure a U.S.C.
Medical School."
ele põe a mão dentro da boca

tira uma dentadura, depois a
outra. ele as coloca na
mesa. "olha só esses dentes, não se acha
coisa melhor do que esses aí. U.S.C. Medical
School."
"você consegue comer qualquer coisa?", pergunto.
"qualquer coisa que se mexer", ele diz.
logo ele adormece
cabeça sobre os braços. ela me acompanha até a
porta.
dou o beijo de boa noite na minha mãe.
"você me dá tesão, seu filho da puta", ela
diz.
"ora, mamãe", digo eu, "não fale desse jeito.
o bom Deus está escutando."
ela fecha a porta e eu desço a
entrada da garagem
bêbado ao luar.

algo sobre a ação:

aquele
    desastre de trem em Nova York foi
algo
      bem perto do Natal, não,
Ação de Graças
          corpos empilhados com ketchup &
sem falar nada –

      depois a faca bolo
nas Filipinas
        atacando a mulher
do presidente no palco
     câmeras de tv ligadas
ela caiu para trás
      ele talhava;
3 dedos quebrados e 75 pontos depois
ela vai se recuperar
      ex-rainha de concurso de beleza
ela não será
    tão bela assim
agora & então
3 guardas balearam o nojento filho da
puta com a
bolo –

a esposa de um cara disse que ia
largá-lo de uma vez
por todas
então ele disse
        "deixa eu passar aí e

a gente tenta resolver", e
passou lá e os dois
tentaram resolver e
ela disse
        "não", e
ele sacou uma arma e estourou
metade da cabeça dela
                então
matou o menino
        2 anos de idade
a menina
        4 anos de idade
        matou
a irmã da esposa
quando ela entrou correndo pela
        porta (ela
estava regando as flores
        lá fora)
e então ele
        foi até a rua e atirou no
primeiro cara que viu
        então
pegou a arma e estourou sua
        própria
cabeça pela
        metade –

um cara
        ele devolveu a vida a um homem
morto
        tirou o homem direto da tumba
        ora
isso sim é de tirar o chapéu e ele também
caminhou sobre a ÁGUA (não o cara

que ganhou a vida de volta mas o
outro cara) &
                ele também curou
leprosos &
        fez cegos
                enxergarem, e
ele disse
        Amem uns aos outros e
Acreditem,
        aí ele foi pregado
na madeira com grandes
                cravos &
ele foi embora e nunca mais
                voltou –

um dos homens mais
                sábios, ah, ele era
supersábio
        ainda dá pra lê-lo
hoje
    ele ainda é um cara
                bom e sábio de ler
mas certos rapazes
                do governo ficaram
incomodados
        alegaram principalmente que ele estava
    corrompendo a
juventude
e o
        prenderam
                numa cela &
lhe ofereceram um copo de
                cicuta que
ele aceitou.

                não sei ele
provou o que queria
                ele nunca
voltou
                tampouco
                        mas ele está
na biblioteca, seja como for, todo
mundo precisa ir embora, é o que
dizem –

            depois
havia uma
                belezura
                        ela
fazia curativos nos
                soldados e
cantava cançõezinhas para
                        eles e
talvez os beijasse atrás das
                            orelhas
não sei bem o que deu errado
                        ali, algum
desentendimento, eles
                empilharam a lenha
embaixo dela
            mandaram brasa
                    queimaram-na
viva, Joana d'Arc, que grande
puta –

            depois
havia um
            pintor
                    ele

pintava como uma criança mas
ele era um
          homem
e dizem que
          ele pintava superbem
mas ele mal sabia
misturar
          as tintas
                    mas ele sabia
pintar o sol ele o fazia
rodopiar na tela, e
                    as flores
elas rodopiavam
                    e as pessoas dele sentavam em cima de
mesas
          as pessoas dele sentavam bem esquisitas
em cima de mesas e em
          cadeiras, e
os contemporâneos
          zombavam dele
e as crianças
          jogavam pedras e quebravam suas
janelas,
          e o que as pessoas mais lembram
a seu respeito era que ele
          cortou fora sua
orelha e a deu para uma
          puta, não
Joana d'Arc,
     não sei o nome
dela, e
  ele saiu pelos campos e
sentou em seu rodopiante
          sol e

se matou.
         agora você até pode ser capaz de
comprar um Cadillac
      mas duvido que você possa
comprar
   qualquer uma das pinturas que ele
                deixou
para trás, ele era
superbom
  pelo que dizem –

depois de 2 e meio
        anos de
casamento
    então divórcio
       minha ex-
esposa me escreveu todos os
        Natais por
8 anos,
   textinhos um tanto longos:
mas principalmente:
      ela dizia:
tenho 2 filhos
     agora
            meu marido
Yena é muito
    sensível,
escrevi um livro sobre

                incesto
outro sobre padrões de comportamento infantil
ainda procurando uma
     editora
Yena se mudou para São
           Francisco talvez eu

volte para o Texas
        mãe morreu
2 livros das minhas histórias infantis foram
aceitos
       o menino mais velho é muito parecido com
Yena
   ainda estou pintando
          você sempre gostou das minhas
pinturas mas pintar tira tanto
de mim
      ainda estou dando aula em escola pública
eu gosto
      tivemos uma tempestade por aqui neste
inverno
          absolutamente
             trancados por 2
semanas
     sem saída por todos os lados
            sentados quietinhos e
esperando
    barbara

           depois de 8 anos ela parou
de escrever
     os Natais voltaram ao
         normal e
eu limpei a cera
    dos meus
ouvidos.

55 camas na mesma direção

essas meias-noites brilhantes
cobras de gabardine passando através
de paredes, sons
interrompidos por batidas de carros de bêbados em
carros de dez anos de idade

você sabe que sujou de novo e depois
de novo

é nessas meias-noites brilhantes
em meio à luta contra mariposas e minúsculos
mosquitos,
sua mulher atrás de você
se retorcendo nos cobertores
pensando que você não a ama mais;
não é verdade, claro,
mas as paredes são familiares e
já gostei de paredes
já louvei paredes:
me dá uma parede que eu te dou um caminho –
isso é tudo o que pedi em
troca. mas acho que eu queria dizer:
eu te dou o meu
caminho.

é muito difícil escrever um
soneto enquanto você dorme num albergue noturno
    com
55 homens roncando
em 55 camas todas elas apontadas na mesma direção.

vou contar o que eu pensava:
esses homens perderam tanto a chance quanto a
imaginação.

dá pra descobrir tanto sobre os homens pelo
modo como eles roncam quanto pelo modo como eles
andam, mas por outro lado
nunca fui grande coisa nos sonetos.

mas outrora eu achava que encontraria todos os grandes
    homens na
rua da amargura,
outrora eu achava que encontraria grandes homens
    por lá
homens fortes que haviam descartado a sociedade,
em vez disso encontrei homens que a sociedade havia
consumido.

eles eram embotados
ineptos e
ainda
ambiciosos.

os chefes me pareceram mais
interessantes e mais vivos dos que os
escravos.

e isso não era muito romântico. costumamos gostar
    mais de coisas
românticas.

55 camas apontadas na mesma
direção e

eu não conseguia dormir
minhas costas doíam
e havia uma sensação invariável na minha
testa como um pedaço de
chapa de metal.

realmente não era muito terrível mas de certo modo
era muito impossível.

e eu pensei,
todos esses corpos e todos esses dedos nos pés e todas
essas unhas e todos esses pelos nos
cus e todo esse fedor

imaculada e aceita malhação das
coisas,
não podemos fazer algo a respeito?

sem chance, veio a resposta, eles não
querem.

então, olhando tudo em volta
todas aquelas 55 camas apontadas na mesma
direção
eu pensei,
todos esses homens foram bebês um dia
todos esses homens foram fofinhos e
rosados (com exceção dos pretos e dos amarelos
e dos vermelhos e dos outros).

eles choravam e sentiam,
tinham um caminho.

agora viraram
sofisticados e
fleumáticos
indesejados.

eu
saí.

eu me meti entre 4 paredes
sozinho.

eu me dei uma brilhante
meia-noite. outras meias-noites brilhantes
chegaram. não era tão
difícil.

mas se eles tivessem estado lá:
(aqueles homens) eu teria ficado lá com
eles.

se isso puder poupar você dos mesmos anos de erro
permita-me:

o segredo está nas paredes
ouvir um pequeno rádio
enrolar cigarros
beber
      café
      cerveja
      água
      suco de uva
uma lâmpada ardendo perto de você
tudo vem de arrasto –
os nomes

a história
um fluxo um fluxo
o olhar da psique de cima pra baixo
o efeito zunidor
a queima de macacos.

as brilhantes paredes da meia-noite:
não há como parar nem mesmo quando sua cabeça
    rola
embaixo da cama e o gato enterra
as fezes.

zangão

a sabedoria do
zangão rastejando
na asa do
jarro d'água é
enorme com o
sol entrando pela
janela da co-
zinha eu penso de novo
no assassinato de
César e dentro da
pia há três
copos d'água sujos.

a campainha toca
e eu me mantenho deter-
minado a não aten-
der.

dedo

você enfiou o dedo na boceta dela,
ela disse.
não, eu disse, é só um toque
por fora.
bem, pelo que parece você enfiou o
dedo na boceta dela, ela
disse.
não, eu disse, é por fora.

de repente ela rasgou a foto
em pedaços.

ah pelo amor de deus,
Annie, por que é que você fez isso?,
todo mundo falou na
sala.

Annie correu até o meu banheiro e
bateu a porta.
alguém enrolou um baseado e nós
o passamos
de mão em mão.

a coisa

bem longe dentro da noite do azulão
está uma coisa poderosa que poderia nos salvar:
lá embaixo da ponte ela repousa
metendo fósforos embaixo das unhas,
depois os acendendo;
ela tem lábios iguais aos do meu pai
os olhos de um macaco assustado
e em suas costas
5 selos de correio estão colados
aleatoriamente;
essa coisa sabe falar mas não fala,
pode correr mas prefere ficar sentada,
pode cantar mas acha melhor grunhir;
ela intimida formigas, aspira besouros
para dentro do nariz;
ela chora, ri, peida;
às vezes de noite ela
se aproxima da nossa cama e arranca um
pelo de uma das nossas orelhas;
deleita-se na estupidez essencial,
não sabe dar nó;
recorda coisas esquisitas como
cascas de banana onduladas e secas
caídas de latas de lixo;
é tímida por covardia
e valente apenas em rápidos lampejos;
não sabe dirigir um carro
nem
nadar
multiplicar

somar ou
dividir;
cheira os dedos dos pés
sonha com pipoca e sapos-de-vidro;
poderia nos salvar mas não salva;
não quer saber de nós;
um dia invadirá o sol;
mas agora ficamos em nossos quartos esperando,
paramos em semáforos esperando,
fazemos sexo esperando,
não fazemos sexo esperando.
ela ri quando choramos,
ela chora quando rimos;
ela espera conosco.

Bob Dylan

esses dois jovens
no pátio do outro lado da rua
eles ouvem Bob Dylan
o dia todo e a noite toda
no aparelho de som

eles ligam aquele aparelho
no máximo volume possível
e é um ótimo
aparelho

a vizinhança toda
ganha Bob Dylan
de graça

e para mim é ainda mais grátis
porque moro no pátio
logo em frente

ganho Dylan quando cago
ganho Dylan quando trepo
e no momento em que tento
dormir.

às vezes os vejo
lá fora na calçada
bem jovens e arrumadinhos
indo comprar comida e
papel higiênico

eles formam um dos casais mais adoráveis da vizinhança.

"Texsun"

ela é do Texas e pesa
46 quilos
e fica parada diante do
espelho penteando fios e
mais fios de um cabelo avermelhado
que cai pelas
costas até a bunda.
o cabelo é mágico e dispara
faíscas e eu fico atirado na cama
e a observo penteando seu
cabelo. ela é como uma ninfa
de cinema mas ela está
realmente ali. fazemos amor
ao menos uma vez por dia e
ela consegue me fazer rir
com qualquer frase que decida
dizer. as mulheres do Texas sempre
foram absurdamente belas e
saudáveis, e além disso ela
limpou minha geladeira, minha pia,
o banheiro, e ela cozinha e me
serve comidas saudáveis
e lava os pratos ainda por
cima.

"Hank", ela me disse,
segurando uma lata de suco de
toranja, "este é o melhor de
todos."

a lata diz "Texsun – suco de toranja
ROSA sem açúcar."

ela tem o rosto que Katharine Hepburn
deve ter tido quando estava
na escola secundária, e eu olho aqueles
46 quilos
penteando quase um metro
de cintilante cabelo avermelhado
diante do espelho
e posso senti-la dentro dos meus
pulsos e atrás dos meus olhos,
e meus dedos dos pés e as pernas e a barriga
podem senti-la e
a outra parte também,
e Los Angeles toda desaba
e chora de alegria,
tremem as paredes dos salões do amor,
o mar vem com tudo e ela se vira
para mim e diz "que droga esse cabelo!"
e eu digo
"sim."

bolhas mornas na água

o que eu gosto
é quando estou na banheira
e peido
e esse peido é tão podre
que posso sentir o fedor
dele
subindo pela água.

o prazer do poder:
Mahatma Gandhi morrendo.
a íris travestida.

o amor é maravilhoso
mas o fedor das vísceras
também é,
a manifestação das partes
ocultas.
o peido. a bosta. a morte de
um pulmão.

anéis na banheira, anéis de merda em privadas
touros moribundos arrastados pelo pó mexicano
Benito Mussolini e sua puta Claretta
sendo pendurados pelos calcanhares
e rasgados em pedaços pela multidão –
essas coisas têm glória mais suave
do que qualquer Cristo com Seus
ferimentos perfeitamente situados.

eu li (e já não sei em que lado
foi) que na revolução russa
eles pegavam um homem, talhavam, pregavam
parte de seu intestino numa árvore
e o forçavam a correr em volta
dessa árvore, enrolando seus intestinos no
tronco. não sou sádico. eu provavelmente
choraria se tivesse de ver isso, provavelmente ficaria
    louco.
mas sei sim que somos bem mais do que
pensamos que somos
muito embora os românticos
se concentrem no ódio/e ou/amor do
coração.

um peido na banheira contém toda uma
história essencial da raça humana.
o amor é tão maravilhoso.
o peido também.
especialmente o meu.
touros moribundos sendo arrastados pelo pó
mexicano e eu na banheira
olhando uma lâmpada de 60 watts e me sentindo numa
    boa.

um poema de milhões

nós morávamos num hotel perto de um
terreno baldio
onde alguém estava cultivando um
jardim
que incluía uns longos
talos de milho
e nós saímos do bar da esquina
às duas da manhã
e começamos a caminhar
na direção de casa
e quando chegamos ao terreno
baldio ela disse "eu quero uns
milhos!"
e eu fui atrás dela e
falei "merda, esse troço
não tá maduro ainda..."
"sim, tá sim... eu preciso
comer uns milhos..."
estávamos sempre famintos e
ela começou a rasgar
umas espigas de milho e
metê-las dentro da bolsa
e pela gola da blusa e
eu corri os olhos pela rua e
vi a viatura se aproximando
e falei "é a polícia,
corre!"
eles vinham de luz vermelha acesa
e nós corremos rumo ao nosso
apartamento, descemos pela

entrada da frente...
"PAREM OU EU ATIRO!"
e descemos a escada até
o elevador do subsolo
que calhou de estar nos esperando
e fechamos as portas e
apertamos o botão #4
enquanto eles ficavam lá
pressionando botões. nós
saímos e deixamos as portas
do elevador abertas, corremos para o
nosso apartamento, entramos, trancamos a porta
e ficamos sentados no escuro
escutando e bebendo vinho
barato. ouvimos os caras lá fora
perambulando. eles afinal
desistiram mas deixamos as luzes
desligadas e ela ferveu as espigas de
milho, ficamos no escuro por
muito tempo escutando as espigas
de milho ferverem e bebendo o
vinho barato. tiramos o milho
da água e tentamos comê-lo. ainda não
estava desenvolvido, nós mordiscávamos
assassinatos, abortos da
natureza.
"eu falei que essa merda não tava no ponto",
eu disse.
"tá no ponto", ela disse, "pelo amor
de Deus, come!"
"já tentei", eu disse, "Deus Nosso Senhor sabe
como tentei..."
"fique feliz de ter esse milho", ela disse,
"fique feliz de me ter também."

"o milho tá verde", eu disse, "verde que nem
as lagartas em abril..."
"ele tá bom, bom, esse milho tá *bom*",
ela disse
e começou a jogar espigas em mim.
eu joguei as espigas de volta.
terminamos o vinho e fomos dormir.
de manhã quando acordamos havia
umas minúsculas espiguinhas de milho por tudo
no tapete, no sofá e nas cadeiras.
"de onde veio essa porcaria?", ela perguntou.
"o Gigante Verde da lata de ervilha", falei, "cagou pra
   nós
um tonel cheio."
"nesse mundo", ela disse, "uma garota nunca
sabe o que vai ver quando
acordar."
"algo duro", eu respondi, "é melhor
do que nada."
ela se levantou e tomou banho e eu me
virei e voltei a dormir.

as damas da tarde

não há mais damas batendo à minha porta
às 3 da manhã
com garrafa à mão e corpo à mão;
elas chegam às 2:30 da tarde
e falam sobre a alma,
e são mais atraentes do que as de
antes, mas o acordo é claro –
nada de sexo casual,
devo comprar o pacote completo;
elas distinguem Manet de Mozart, conhecem todos os
Millers, e até tomam um gole de vinho
mas só um gole, e seus seios são vastos e
firmes
e suas bundas são esculpidas por
demônios do sexo;
conhecem os filósofos, os políticos e
os truques;
elas têm mentes *e* corpos,
e sentam e olham pra mim e dizem
"você parece um pouco nervoso. está tudo
bem?"
"ah sim", eu digo, "ótimo", pensando que porra é
essa?
não vou perder um mês todo pra descolar um
traseiro;
e olhões tão absurdamente lindos, sim,
as bruxas!
como sorriem, sabendo aquilo que você está
pensando –

botá-las numa cama e acabar logo com isso –
caralho! –
mas esta é uma época inflacionária
e com elas
você precisa pagar primeiro, durante e
depois. é
a mulher emancipada, e já não sou um
garotinho, e lhes permito que saiam
intocadas, quase todas tendo um ou dois homens
    arrasados
pelas costas,
e ainda na casa dos 20, e um encontro é combinado
    para outro
dia na semana, e elas saem
balançando seu eterno preço
pelas costas
como suas belas bundas,
mas me vejo escrevendo,
no dia seguinte,
"Querida K...: Sua beleza e sua juventude são
    simplesmente
demais para mim. não mereço
você, portanto peço que terminemos nosso
    relacionamento,
por pequeno que possa ter
sido...
    seu,
        ..."
então sorrio, dobro a carta, boto no envelope, lambo
pra fechar, colo selo
e desço a rua
até a caixa de correio mais próxima

deixando a mulher emancipada tão livre quanto
deveria ser, e não agindo tão mal assim
comigo mesmo
tampouco.

língua cortada

ele mora nos fundos e aparece na minha porta
carregando a espingarda numa das mãos.
"escuta", ele diz, "tinha um cara sentado
no seu sofá na varanda enquanto você estava
fora. agindo estranho. perguntei o que ele
queria, ele disse que queria falar com você.
falei que você não estava. você conhece um
negro alto chamado 'Dave'?"
"não conheço ninguém assim..."
"vi esse cara na rua depois e
perguntei o que ele estava fazendo na vizi-
nhança."
"não conheço nenhum negro alto chamado 'Dave'."
"andei vigiando sua casa. botei pra correr um par
daqueles alemães. você não quer saber de alemão
    nenhum,
quer?"
"não, Max, não gosto de alemães, franceses e
    sobretudo
não gosto de ingleses. os mexicanos e os gregos são
ok mas tem algo que me desagrada na expressão que
    eles têm no
rosto."
"tem aparecido mais alemães do que qualquer outro
    tipo."
"bota pra correr..."
"tá bom, pode deixar... quando você viaja de novo?"
"amanhã."
"amanhã...?"
"amanhã, sim, e se você encontrar um filho da puta
    sentado no

meu sofá da varanda, pode estourar a porra da cabeça
   dele..."
"tá bom, pode deixar..."
"obrigado, Max..."
"sem problema..."
ele volta para o pátio dele nos fundos com sua
espingarda e
entra.

"meu deus", diz Linda Lee, "sabe o que você
fez?"
"sim", eu digo.
"ele acredita em você. quando a gente voltar vai ter
um cadáver na varanda."
"tudo bem..."
"você não lembra quando eu tirei meu dia de silêncio?
você disse pra ele que tinha cortado minha língua... e
   ele
levou a sério..."
"Max é o único amigo de verdade que eu
tenho..."
"você é um cúmplice..."
"não gosto de caras não convidados sentados no meu
   sofá
da varanda esperando por mim..."
"digamos que seja um poeta, um cara que admira a sua
obra?"
"como eu disse, 'Max é o único amigo de verdade que
   eu tenho.'
vamos fazer as malas..."
"o que houve com meu vestido verde?",
ela pergunta.

Venice, Calif., nov. 1977:

leary se foi faz tempo e a área dos desajustados que ele
 criou:
os drogados, os doidos, os fanáticos, o afluxo
de idiotas em geral há muito foi corrigido pelas
instituições, incluindo a instituição da morte.
lsd está quase fora, anfetamina é padrão, barbitúricos
 são raros,
baseados não são valentes, cocaína e H são caras
 demais,
patins e raquetebol estão na moda; menos violões,
menos bongôs, menos negros; os nativos agora
 mascateiam bagagem
e pequenas mercadorias em vans enquanto seus
 estéreos
já não tocam Bob Dylan, eles viraram pequenos
capitalistas, nada exaustivo, só uma febre, e a
bicicleta de dez marchas, eles pedalam a bicicleta de dez
 marchas como
no sonho, todas as revoluções acabaram mas resta
um ou outro anarquista sob as palmeiras, calcando
 seus
cachimbos e planejando explodir qualquer coisa em
 absoluto por
nenhuma razão em absoluto e o mar vem e vai, vai e
 vem,
e em Santa Monica os musculosos continuam lá,
embora não sejam os mesmos musculosos, e o mar
vem e vai, e não há Vietnã para protestar, praticamente
nada pra fazer, raquetebol, patins e dez marchas,
e trepar é quase uma chatice, dá problema, sabe,

e vinho barato está na moda, e você pode lavar o carro
   no
faça-você-mesmo por vinte e cinco centavos.

espelho

mulheres no meu espelho de penteadeira
houve tantas mulheres
no meu espelho de penteadeira
penteando seus cabelos
o pente prendendo
e vejo os olhos delas no
espelho enquanto elas olham
para mim
estirado na cama.
estou quase sempre na cama
é o meu lugar favorito.

que o amor ou até
um relacionamento
acabe
parece tão absolutamente curioso
mas que novos amores
novos relacionamentos
cheguem
isso é sorte.

muito embora ficar sozinho seja
bom
a solidão parece
imperfeita.

todos aqueles rostos no
espelho
eu me lembro deles.
florações de sentimento e

humor,
fui bem tratado
na maior parte do
tempo.

as mulheres estão agora
diante de outros espelhos
e os homens se estiram nas camas
tenho certeza –
conversando, ou
calados, relaxando.

outra mulher usa o
meu espelho
seu nome é Linda Lee
ela ri de mim
estou usando um happi
japonês preto e branco.

talvez ela continue no meu
espelho.

fazendo cabeças

ela ainda faz.
ela esculpe cabeças de homens
depois vai pra cama com
eles
creio que para equiparar a argila
com a carne.

foi assim que a
conheci.

não fiz objeção
mas em tais casos
você sempre acha que é
você.

mas depois
descobri
que eu não era o
primeiro

e depois de começar a morar com
ela
eu olhava aquelas cabeças esculpidas
de homens
sobre uma mesa
e em cima da tv
e
aqui e ali
e pensava
puxa vida.

e aí ela me dizia
"escuta, você sabe que cabeça eu
gostaria esculpir?"

"hmm hmm."

"eu gostaria de esculpir o grande Mike
Swinnert... ele tem um crânio interessante...
você já reparou na boca dele, nos
dentes?"

"sim, já..."

"eu gosto da esposa dele também... mas acho que
    gostaria
de fazer o Mike primeiro... você não ficaria
com ciúme, né?"

"ah, não. eu vou nas corridas ou algo assim
pra você se concentrar..."

"é meio embaraçoso eu
pedir pra ele. ele é seu amigo. você se
importaria de pedir...?"

Mike não tinha carro então fui
pegá-lo e voltei com ele. enquanto estacionávamos
ele disse "seguinte, posso comer ela se eu
quiser, você sabe. você se importaria?"
"bem, acho que me importaria", falei.
ele me olhou daquele jeito: "tá bom,
por você vou me segurar."

acompanhei Mike até a argila e então
desci as escadas.

fui de carro para o hipódromo e tive
um dia terrível no
hipódromo...

certa vez caminhei com ela pelo McArthur Park
enquanto ela selecionava homens com
cabeças interessantes e
eu me aproximava deles e perguntava se ela
poderia esculpir suas cabeças. eu até
lhes oferecia dinheiro. todos
recusavam, sentindo que havia algo de
errado. eu também sentia que havia algo de
errado, sobretudo comigo.

não foi muito tempo depois disso que
a escultora e eu
nos separamos.

ela tinha até se mudado de cidade mas
me vi voando para outro
estado pra vê-la – duas vezes. e
a cada vez notando
mais cabeças masculinas espalhadas pelo
apartamento.

"quem é esse cara?", perguntei
sobre uma delas.

"ah, esse é o Billyboy, o
ginete..."

fui embora 2 ou 3 dias
depois...

as vidas seguiram e 2 ou 3 mulheres depois
meu amigo Jack Bahiah apareceu. nós
falamos disso e daquilo e aí Jack
mencionou que havia voado ao
encontro da escultora.

"ela fez a sua cabeça, Jack?"

"fez, cara, ela fez a minha cabeça mas
não ficou parecido comigo, cara. adivinha com
quem ficou parecido, cara?"

"sei lá, cara..."

"ficou parecido com você..."

"Jack, meu rapaz, você sempre soube dizer
muita sacanagem..."

"sem sacanagem, cara, sem sacanagem..."

Jack e eu bebemos bastante vinho naquela noite, ele
vira os copos muito bem.

"ela estava nos meus braços na cama
e falou 'Deus, eu amo ele, Jack, sinto
falta dele!', e aí começou a chorar."

não odeio Jack nem um pouco por comê-la
por dormir encostado nela quando eu tinha dormido
encostado nela por 5 ou 6 anos, e isso demonstra

a durabilidade dos humanos: sabemos extirpar o
troço e destruí-lo e esquecer.

sei que ela ainda esculpe cabeças
de homens e não consegue parar. ela me disse uma vez
que Rodin fez algo similar de um
modo ligeiramente diferente. tá bom.

desejo a ela a sorte da argila e
a sorte dos homens. tem sido uma longa
noite rumo ao meio-dia, por vezes, para a maioria
de nós.

feijão com chili

pendurem-nos de cabeça pra baixo pela noite
abundante,
queimem seus filhos e molestem suas colheitas,
cortem as gargantas de suas esposas,
fuzilem seus cães, porcos e criados;
o que não matarem, escravizem;
vossos políticos farão de vocês heróis,
tribunais internacionais julgarão
vossas vítimas culpadas;
vocês serão homenageados, ganharão medalhas,
pensões, vilas à beira do rio
com direito a escolher mulheres
pré-prostitutas;
os padres abrirão as portas de Deus
pra vocês.

o importante é a vitória,
sempre foi;
vocês serão enobrecidos,
serão promovidos como humildes e
bondosos conquistadores
e vocês vão acreditar nisso.

o que isso significa é que a mente humana
não está pronta ainda
então vocês reivindicarão uma vitória pelo
espírito humano.

uma garganta cortada não pode responder.
um cão morto não pode morder.

vocês venceram.
proclamem a decência.

vá para a tumba limpinho —

ninguém se importa
ninguém realmente se importa
você não sabia?
você não lembrava?
ninguém realmente se importa

até aqueles passos
caminhando para algum lugar
estão indo para lugar nenhum

você talvez se importe
mas ninguém se importa –
esse é o primeiro passo
na direção da sabedoria

aprenda

e ninguém precisa se importar
de ninguém é esperado que se importe

a sexualidade e o amor vão por água abaixo
como merda

ninguém se importa

aprenda

a crença no impossível é a
armadilha
a fé mata

ninguém se importa –
os suicidas, os mortos, os deuses
ou os vivos

pense no verde, pense nas árvores, pense
na água, pense na sorte e numa espécie de
glória
mas se liberte das amarras
rápida e finalmente
de depender do amor
ou esperar o amor de
alguém

ninguém se importa.

porq tud se sgota

abatido do lado de fora do Seaside Motel e fico olha
ndo a lagosta viva na peixaria do píer de Redondo
Beach a ruiva partiu para torturar outros machos
está chovendo de novo está chovendo de novo e de
    novo às vez
es penso em Bogart e não gosto mais de Bogart hoj
e em dia porq tud se sgota – quando entra um
    dinheirin
ho na sua conta você pode rabiscar qualquer coisa na p
ágina chamar de Arte e passar a perna abatido num
mercado de peixes as lagostas que você vê elas são
    apanhadas com
o nós somos apanhados. pense em Gertie S. sentada lá
contando aos rapazes como aprimorar. ela era um tran
satlântico eu prefiro trens puxando vagões cheios de
    arma
s roupa íntima pretzels fotos de Mao Tsé-Tung haltere
s porq tud se sgota – (escrever mãe) quando você florar
minha pedra note a mosca na sua manga e pense
num violino pendurado numa casa de penhores. em
    muitas casas de penhores fiq
uei eu abatido na melhor em L.A. eles puxam
uma pequena cortina em volta daquele que quer
    penhorar e d
aquele que *poderia* pagar algo. é uma Arte casas de
    penhores s
ão necessárias como F. Scott Fitz era necessário o que nos
faz hesitar neste momento: eu gosto de olhar lagostas viva
s elas são fogo embaixo d'água hemorroidas – grossa outr
a mágica – colhões!: elas são lagostas mas gosto de o
lhá-las quando eu se eu ficar rico vou comprar um

① KUV STUFF~~OX~~ MOX OUT

gunned down outside the Seaside
Motel
I stand looking at live lobster
in a fishshop on the Redondo Beach
pier
the redhead gone to torture
other males
it's raining again
it's raining again and again
sometimes I think of Bogart and
I don't like Bogart any more
kuv stuff~~ ~~ mox out--
when you get a little money in
the bank
you can write anything down
on the page you want
to
call it Art and pull the
chain
gunned down in a fishmarket
the lobsters you see
they get caught like we
get caught.
think of Gertie S.
sitting there telling the boys
how to get it
up.
she was like an ocean liner
I prefer trains pulling boxcars full

Primeira página do primeiro rascunho de dez páginas.

grande tanque de vidro digamos três metros por um e v
ou sentar e olhá-las por horas enquanto bebo meu
mosele branco que estou bebendo agora e quando as
    pessoas apar
ecerem vou escorraçá-las como faço agora. quero dizer,
alguns dizem que mudança quer dizer crescimento
    bem certos at
os permanentes também previnem decadência como
    passar fio dental fode
r esgrimir engordar arrotar e sangrar sob uma lâmp
ada General Electric de cem watts. romances são legais c
amundongos são irrequietos e meu advogado me diz
    que Abraham L
incoln fez uma merda que nunca entrou nos livr
os de história – o muro é o mesmo por onde quer que
    se olhe.
nunca peça desculpa. entenda o pesar do erro. m
as nunca. não peça desculpa para ovo serpente ou am
ante. abatido num táxi verde perto de Santa Cru
z com um AE-I no meu colo trambicado na mão d
o punguista pendurado como um presunto. por acaso
    foi Ginsberg que
dançou no poste em maio na Iugoslávia para celebrar
    o Dia de M
aio se me pegarem fazendo isso podem arrancar meus
    dois
bolsos de trás. sabe eu nunca escutei minha mãe mijar
. escutei muitas mulheres mijando mas agora que penso
nisso não consigo lembrar de jamais ter escutado minha
    mãe mijar.
não sou grande fã de planetas não que me desagrad
em quero dizer tipo cascas de amendoim num cinzeiro
    isso são
planetas. às vezes a cada 3 ou 4 anos você vê um ro

sto geralmente não é um rosto de criança mas esse r
osto rende um dia espantoso muito embora a luz
esteja de certo modo ou você estava dirigindo um a
utomóvel ou você estava caminhando e o rosto estava
    passa
ndo num ônibus ou num carro isso faz daquele dia do
momento como que um sacolejo cerebral algo pra lhe
    dizer é
sempre solitário você estar abatido enquanto tira um
chiclete da embalagem na frente do salão de bilhar
mais antigo de Hollywood no lado oeste da Western
    embaix
o do bulevar. o bruto é líquido e o líquido é b
ruto e Gertie S. nunca mostrou seu joelho aos ra
pazes e Van Gogh era uma lagosta um amendoim
    torrado. eu
acho que "guinada" é uma palavra esplêndida e ainda
    está
chovendo abatido em sacos d'água com água para
    focinho
s de porco astutamente como cigarros para homens e
    para
mulheres eu me importo o bastante para proclamar
    liberdade em toda
a terra depois me pergunto por que freiras são freiras
    açougueiros iss
o e homens gordos me remetem a coisas gloriosas
    respirand
o pó por seus pigarros. se eu abatesse Bogar
t ele cuspiria seu cigarro agarraria seu flanco esquerdo na
camisa de listras pretas e brancas me olharia com
olho de nata e cairia. se significado é o que fazemos n
ós fazemos bastante se significado não é o que fazemos
    marque o qu

adrado #9 provavelmente cai bem a meio caminho o
   que mant
ém equilíbrio e a pobreza dos pobres e hidrantes
visco grandes cães em grandes gramados atrás de cercas
de ferro. Gertie S., claro, se interessava mais
pela palavra do que pelo sentimento e isso é claramente
   just
o porque homens de sentimento (ou mulheres) (ou)
   (veja)
(que legal) (eu sou) geralmente se tornam criaturas de
   Açã
o que fracassam (em certo sentido) e são registrados
   pelas pess
oas de palavras cujas obras geralmente fracassam não
   importa. (
que legal). rola e rola e rola continua chovendo
abatido num mercado de peixes por um italiano com mau
hálito que não fazia ideia de que eu alimentava meu
   gato duas vezes por dia e
nunca me masturbava quando ele estava no mesmo
   aposento. Agor
a você sabe neste ano de 1978 paguei $8441,32 para
o governo e $2419,84 para o estado da Califór
nia porque sento perante esta máquina de escrever
   geralmente b
êbado depois das corridas de cavalo e não uso sequer
   uma gr
ande editora comercial e já vivi à base de
uma barra de chocolate vagabundo por dia máquina de
   escrever penhorada imp
rimindo meu material à caneta e o material voltava.
   quero dizer,
camarada cão, os homens às vezes viram filmes. e às v
ezes acontece que os filmes não são tão bons. reze por

mim. não peço desculpa. astúcia não é a saída
persistência ajuda se você conseguir acertar o ferrão
   externo
às 5:32 crepúsculo – bum! os irmãos Waner
   costumavam
bater dois três para os Pirates agora somente 182
   pessoas e
m Pittsburgh se lembram deles e isso é exatamente
   correto
. o que me desagradava naquela turma de Paris era qu
e eles exageravam demais o valor da escrita mas
   ninguém pode dizer
que não fizeram o maior esforço possível qu
ando todas as cabeças e olhos pareciam estar voltados
   para outro
lugar é por isso que apesar de todo o romantismo ass
ociado eu embarco não pela propaganda mas pel
as razões mais tolas da sorte e do caminho. minhas
   lagostas
cavalos e lagostas e o mosele branco e há uma
boa mulher perto de mim depois de todas as ruins ou ap
arentemente ruins. Rachmaninoff está tocando agora
   no rádio e
termino minha segunda garrafa de mosele. que adorável
caçador emotivo ele era meu gato preto gigante estirado
no tapete o aluguel está pago a chuva paro
u há um fedor nos meus dedos minhas costas doem abat
ido eu caio rolo aquelas lagostas examiná-las ex
iste um segredo ali elas contêm pirâmides derrubá-las tod
as as mulheres do passado todas as avenidas maçanetas
   bot
ões caindo da camiseta nunca escutei minha mãe mij
ar e nunca conheci seu pai acho que teríam
os bebido que chega, corretamente.

um longo dia quente no hipódromo

o dia todo lá no hipódromo queimando no sol
eles viraram tudo de ponta-cabeça, lançaram as
apostas remotas todas. tive um único vencedor, um
lance de 6 pra 1. é em dias como esse que você percebe
o logro em andamento.

eu estava no clube. encontro geralmente o
maître d' do *Musso's* no clube. naquele
dia eu encontrei meu médico. "mas onde é que você
   andava?",
ele me perguntou. "nada além de ressacas
   ultimamente",
respondi. "apareça mesmo assim. você não vai
querer ficar doente. podemos almoçar. conheço um
tailandês, vamos comer uma comida tailandesa. você
   ainda
escreve aqueles troços pornográficos?" "sim", eu disse,
"é só assim que eu consigo fazer." "vou me
sentar com você", ele disse, "peguei o 6."
"peguei o 6 também", eu disse, "ou seja,
estamos fodidos."

sentamos e ele me falou sobre suas quatro
esposas: a primeira não queria copular.
a segunda queria ir esquiar em
Aspen toda hora. a terceira era
louca. a quarta era ok, eles
ficaram juntos por sete anos.

os cavalos saíram do portão. o médico

apenas olhava para mim e falava sobre sua quarta
esposa. um médico bem falastrão. eu tinha
acessos de tontura ouvindo sua falação sentado
na beira da mesa de exame. mas ele tinha
trazido minha filha ao mundo e tinha cortado
fora minhas hemorroidas.

ele seguia falando da quarta esposa...

a corrida era de 6 furlongs e a menos que seja um
    bando
de perdedores lentos os 6 furlongs são geralmente
    corridos
em algo entre um minuto e nove ou dez
segundos. o primeiro cavalo era 24 pra um e tinha
pulado para uma liderança de três comprimentos. o
    filho da
puta parecia não ter nenhuma intenção de
parar.

"escuta", eu disse, "você não vai olhar
a corrida?"

"não", ele disse, "não aguento olhar, fico
aflito demais."

ele começou de novo com a quarta esposa.

"espera", eu disse, "estão vindo pela
reta final!"

o 24 pra um chegou com cinco comprimentos. já
era.

"não tem lógica nenhuma em nada desse troço aqui",
disse o médico.

"eu sei", eu disse, "mas a pergunta que você deve
me responder é: 'por que nós estamos aqui?'."

ele abriu a carteira e me mostrou uma foto de
seus dois filhos. falei que eram belas
crianças e que restava uma corrida.

"estou quebrado", ele disse, "preciso ir. perdi
$425."

"tá bom, tchau." apertamos as mãos.

"me liga", ele disse, "a gente vai no restaurante
   tailandês."

a última corrida não foi melhor: botaram pra correr
   um
9 pra um que estava subindo de categoria e
não tinha vencido nenhuma corrida em dois anos.

desci a escada rolante com os perdedores. era
uma quinta-feira quente de julho. o que é que o meu
   médico
estava fazendo no hipódromo numa quinta? e
se eu estivesse com câncer ou gonorreia? Jesus Cristo,
   não
dava pra confiar mais em ninguém.

eu tinha lido no jornal entre as corridas
que uns garotos haviam invadido uma
casa e espancado uma mulher de 96 anos

até a morte e haviam espancado quase até a morte
a irmã ou filha cega de 82 anos,
eu não lembrava direito. mas haviam levado um
aparelho de televisão a cores.

pensei, se me pegarem aqui
amanhã, eu mereço perder. não
estarei aqui, creio que
não.

andei até o meu carro com o *Programa
das Corridas* do dia seguinte enrolado na
mão direita.

as cartas de John Steinbeck

sonhei que eu estava congelando e quando acordei e
 descobri
que não estava congelando de algum modo eu caguei
 na cama.
eu tinha trabalhado no livro de viagem naquela noite e
não tinha rendido muito bem e estavam levando meus
 cavalos
embora, para Del Mar.
eu teria tempo para ser escritor agora. eu acordaria de
manhã e lá estaria a máquina olhando para mim,
ela ia parecer uma tarântula; ou melhor – ia parecer
um sapo preto com cinquenta e uma verrugas.

você deduz que Camus se ferrou porque deixou outra
 pessoa
dirigir o carro. não gosto de nenhuma outra pessoa
 dirigindo o
carro, não gosto nem quando eu mesmo dirijo. bem,
depois de limpar a merda coloquei minha bermuda
amarela de caminhada e fui de carro para o hipódromo.
 estacionei e
entrei.

o primeiro que vi foi o meu biógrafo. eu o vi
de lado e me escondi. ele estava bem-vestido,
fumava um charuto e tinha um drinque na mão.
da última vez na minha casa ele me deu dois livros:
Scott e Ernest e *As cartas de John Steinbeck*.
leio esses livros quando cago. sempre leio quando cago
e quanto pior o livro melhor o movimento intestinal.

aí depois da primeira corrida meu médico sentou do
   meu lado.
ele parecia ter acabado de sair de uma cirurgia sem
se lavar muito bem. ele ficou até depois da
oitava corrida, conversando, bebendo cerveja e
   comendo cachorros-quentes.
então desatou a falar do meu fígado: "você bebe
   quantidades
tão absurdas que quero dar uma olhada no seu fígado.
   trate
de aparecer agora." "tá bom", falei, "terça de
tarde."

eu me lembrei da recepcionista dele. na minha última
   consulta
tinha ocorrido uma inundação no banheiro e ela ficou
   de joelhos
no chão para secar e seu vestido havia subido bem
alto acima das coxas. eu tinha parado pra ficar
   olhando,
dizendo a ela que as duas maiores invenções do Homem
   haviam sido
a bomba atômica e o encanamento.

aí o meu médico se foi e o meu biógrafo se foi também
e eu ainda tinha $97.
lá em Del Mar eles têm uma reta curta e eles
vêm gemendo por aquela última curva, e a água dos
bebedouros tem gosto de mijo.

se o meu fígado já era então já era; algo sempre ia
primeiro e aí o restante seguia. que desfile.
não era verdade, porém, dependia da parte.

eu conhecia certas pessoas sem mente que esbanjavam
saúde.

perdi a última corrida e saí dirigindo com sorte o
    bastante para
pegar um Shostakovich no rádio
e quando você vê às 6:20 da tarde numa rádio AM
isso é tirar um rei com ás, rainha, valete, dez...

e as triviais vidas da realeza nunca me empolgaram tampouco...

nunca me importei de ficar molhado, várias vezes eu entrava em
lugares durante uma chuva e alguém dizia: "Você está MOLHADO!" como se eu não tivesse nenhuma compreensão das circunstâncias.

mas parece que estou quase sempre em apuros com
a maioria das mentes: "você sabe que não penteou o
cabelo atrás?"

"seu sapato esquerdo está desamarrado..."

"acho que o seu relógio está cinco minutos atrasado..."

"seu carro precisa de uma lavagem..."

quando largarem aquela primeira bomba por aqui eles vão
entender por que razão eu ignorei tudo de cara.

os pingos de chuva de mim mesmo afinal vagando
em lugar algum
como digamos o Estrangulador de Boston.
ou como todas as garotinhas com seus
cachinhos
sentadas esperando.

carta para um amigo com um problema doméstico:

Olá Carl:
não se preocupe por sua esposa ter fugido de você
ela simplesmente não te entendia.
um pneu me furou hoje na autoestrada
e tive que trocar a roda com uns cheira-
dores voando em seus Maseratis soprando vento na
    minha
bunda.
o principal é você simplesmente tocar sua vida
e seguir fazendo aquilo que você precisa fazer, ou
    melhor –
aquilo que você quer fazer.

eu estava no consultório do dentista esses dias
e li uma publicação médica
e ela dizia
que você só precisa
viver até o ano 2020 d.C. e aí
se você tiver dinheiro suficiente
quando seu corpo morrer será possível transplantar seu
cérebro num corpo sem carne que te dá
visão e movimento – tipo você pode pedalar uma
bicicleta ou qualquer coisa do tipo e você também
não perderá tempo urinando ou defe-
cando ou comendo – você só ganha um
tanquinho de sangue no alto da cabeça pra encher
mais ou menos uma vez por mês – é uma espécie de
    óleo
pro cérebro.
e não se preocupe, tem até sexo, dizem,

só que é um pouco diferente (haha) você pode
ficar metendo até ela implorar pra você parar!
(ela só vai te largar por não aguentar mais
em vez de querer mais.)
esse é o lance do transplante *sem carne.*

mas tem outra alternativa: eles podem
transplantar o seu cérebro num corpo *vivo*
cujo cérebro foi retirado de modo a
abrir espaço para o seu.
só que o custo para isso será mais
proibitivo
pois eles terão de localizar um corpo,
um corpo vivo em algum lugar
num hospício digamos ou numa prisão ou
nas ruas em algum lugar – talvez um sequestro –
e embora esses corpos venham a ser melhores,
mais realistas, eles não vão durar tanto quanto
o corpo sem carne que pode funcionar por uns
500 anos antes de exigir troca.
então é tudo uma questão de escolha, daquilo que
você gosta, ou daquilo que você pode bancar.

quando você entra no corpo ele não vai
durar tanto assim – eles dizem uns 110 anos lá por
2020 d.C. – e aí você terá de encontrar
uma reposição de corpo vivo (de novo) ou optar por
    um
dos trecos sem carne.
em geral, como dão a entender nesse artigo que eu li
no consultório do meu dentista, se você não for tão
    rico
você pega o treco sem carne mas
se continuar muito bem de capital você

vai pegando o corpo-vivo repetidas vezes.
(os modelos de corpo-vivo têm certas vantagens
pois você será capaz de enganar a maioria do pessoal
da rua e também
a vida sexual é mais realista embora
mais curta.)

Carl, não estou passando a coisa exatamente como
estava escrita mas estou traduzindo todo aquele
lero-lero médico em algo que nós
possamos entender,
mas você acha que dentistas deveriam ter esse tipo de
merda
repousando em suas mesas?
de todo modo, provavelmente quando você receber
　　esta carta
a sua patroa estará de volta com você.

de todo modo, Carl, continuei lendo
e o cara depois dizia que
em ambos os transplantes de cérebro no
corpo vivo e no corpo sem carne
outra coisa ocorreria com as pessoas que
tivessem dinheiro suficiente pra fazer os truques de
　　transferência:
o computadorizado conhecimento dos séculos seria
introduzido no cérebro – e pra onde quer que você
　　quisesse ir
você poderia ir – você seria capaz de pintar como
Rembrandt ou Picasso,
conquistar como César. você poderia fazer todas as
　　coisas
que esses e outros como eles haviam feito
só que melhor.

você seria mais brilhante do que Einstein –
haveria pouquíssimo que você não poderia fazer
e talvez o corpo mais próximo de você
pudesse fazê-lo.

nesse ponto a coisa fica um tanto desconcertante –
o cara prossegue
ele é tipo um daqueles caras em seus
Maseratis cheirados; ele prossegue dizendo
numa linguagem um tanto técnica e obscura que
isso não é Ficção Científica
isso é a abertura de uma porta de horror e assombro
nunca antes especulada e ele diz que a
Última Guerra do Homem se dará entre os ricos
transplantados computadorizados e os não ricos que
    são
os Muitos
que afinal se ressentirão da sacanagem de terem sido
    excluídos da
imortalidade
e os ricos vão querer proteger o que é deles
para sempre
e
que
no final
os ricos computadorizados vão ganhar a última
Guerra do Homem (e da
Mulher)

depois ele diz que a subsequente Nova
Guerra tomará forma com os
Imortais lutando contra os Imortais
e o que sucederá será um
acontecimento

exemplar
de modo que o Tempo tal como o conhecemos
entrega os pontos.

mas que bela loucura, não é mesmo,
Carl?
eu gostaria de dizer
que à luz de tudo isso
que a sua esposa fugir não significa
grande coisa
mas eu sei que significa
só pensei em te mostrar
como outras coisas poderiam acontecer.

enquanto isso, as coisas não estão boas aqui
tampouco.
           seu amigão,
           Hank

agnóstico

li outro dia
que um homem queria exorcizar o demônio
de seus dois filhos
por isso ele os amarrou numa grade da calefação e os
torrou até a morte.

imagino que para acreditar no demônio
seja preciso acreditar em Deus
antes.

aprendi a escrever "Deus" com maiúscula
e alguns diriam
que esse fato
é prova suficiente.

enquanto isso, uso minha Calefação para ficar
aquecido
e fujo de
Discussões.

clones

ele me contou, emprestei 200 para um
cara.
aí ele sumiu.
fiquei sabendo que estava na Europa.
resolvi esquecer o
assunto: o dinheiro estava
perdido.

não adianta perder seu maldito
sono, falei.

de todo modo, ele continuou, eu estava
no clube do hipódromo noite dessas
na corrida de arreios.
eu estava na fila de apostas e
vi um cara duas filas ao
lado.

e ele parecia o cara pra quem
você tinha emprestado os dois centões?, eu
perguntei.

isso, ele respondeu, o Mike, ele
parecia o Mike.
só que o Mike andava sempre bem-
vestido e apresentável,
e esse cara usava roupa velha,
tinha uma barba suja e uns
olhos vermelhos feito um
bebum vagabundo.

preciso maneirar na
bebedeira, falei.

de todo modo, aconteceu que
ambos terminamos nossas apostas quase
ao mesmo tempo.
eu me afastei.

não adianta perder seu sono,
falei.

então, ele continuou, senti
um puxão no meu ombro.
"Marty", ele falou e me
deu os 200.

um incidente dos mais assombrosos, falei.

é, disse Marty, eu agradeci
e fui olhar a
corrida.

claro, falei.

bem, ele continuou, ganhei aquela
corrida.
e no decorrer da noite ganhei
mais algumas.
era uma noite boa pra
mim.

quando tudo dá certo, falei, tudo dá
certo.

de todo modo, ele continuou, pouco antes
da última corrida um cara se aproximou
de mim e falou "ei, Marty,
bati no fundo, me empresta
cinquenta."

ah é?, perguntei.

é, ele disse, agora ouve bem
o seguinte. primeiro havia o
cara que parecia o Mike só que
ele parecia mais um bebum
vagabundo, certo?

certo, falei.

ok, ele disse, agora esse cara
parecia o cara que parecia
o Mike só que ele não parecia
exatamente o cara que parecia o
Mike, era mais como se ele estivesse
fingindo parecer o cara
que parecia o Mike.

todo mundo acaba ficando
parecido depois de 8 ou 9 corridas, eu
disse.

isso, disse Marty, então falei
pra ele "eu não te conheço."
fiz uma aposta de 50 pratas pela vitória
no cavalo 4, aí
desci a escada rolante rumo
ao estacionamento.

não adianta perder seu maldito
sono, falei.

não perdi, ele disse, fui pra casa,
bebi meio litro de Cutty Sark
e dormi até o meio-dia.

roído por maçante crise

não é fácil
mandar esses foguetes para
lugar nenhum.
não paro de queimar meus dedos,
ganho manchas de luz perante meus
olhos.

os gatos ficam me encarando.

o calendário cai da parede.

preciso de uma meia-noite tranquila nas
Bahamas.
preciso contemplar
cascatas de glória.
preciso dos dedos de uma donzela
amarrando meus sapatos.
preciso do sonho
do doce sonho azul
do doce sonho verde
do elevado sonho de lavanda.

preciso dos passos tranquilos para o Paraíso.
preciso rir como eu costumava rir.
preciso ver um bom filme numa sala escura.
preciso ser um bom filme numa sala escura.

preciso tomar emprestado um pouco da natural
    coragem
do tigre.

preciso andar pelos becos da China
bêbado.
preciso metralhar a andorinha.
preciso beber vinho com os assassinos.
onde será que os dentes falsos de Clark Gable estão
nesta noite?

quero que John Fante tenha pernas e olhos de novo.
sei que os cães virão para
arrancar a carne dos ossos.
como podemos ficar sentados olhando jogos de
    beisebol?

enquanto penso em arrebatar os céus
uma mosca dá rodopios e mais rodopios nesta
sala.

andei trabalhando na ferrovia...

o Grande Editor disse que queria me encontrar
pessoalmente antes de publicar meu livro.
ele disse que os escritores eram na maioria filhos da
    puta
e ele só não queria lançar alguém
que fosse
então já que ele estava pagando a passagem de trem
fui lá para
Nova Orleans
onde morei perto dele dobrando a esquina
num quarto pequeno.

o Grande Editor morava num porão com uma
prensa, sua esposa e dois
cães.
o Grande Editor também publicava uma famosa
revista literária
mas meu planejado livro
seria sua primeira tentativa na
área.
ele sobrevivia com a revista, com a sorte, com
doações.

toda noite eu jantava com o Grande
Editor e sua esposa (minha única refeição e
provavelmente a deles também).
depois nós tomávamos cerveja até a meia-noite
quando eu ia para o meu quarto pequeno
abria uma garrafa de vinho e começava a
datilografar.

ele dizia que não tinha poemas
suficientes.
"preciso de mais poemas", ele dizia.

ele tinha vencido meus poemas antigos
e conforme eu escrevia os novos poemas ele
os imprimia.
eu estava escrevendo diretamente para o
prelo.

pelo meio-dia todos os dias eu dobrava
a esquina
batia na janela
e via o Grande Editor
alimentando a prensa com
páginas dos meus poemas.

o Grande Editor era também o Grande
Empresário, o Grande Impressor e
Inúmeras Outras Grandes Coisas,
e eu era praticamente o poeta
desconhecido por isso tudo era bem
estranho.

de todo modo, eu acenava minhas páginas pra
ele e ele parava a prensa
e abria a porta pra mim.
ele sentava e lia os poemas:
"hmmm... bom... por que você não
vem jantar esta noite?"
aí eu ia embora.

certos meios-dias eu batia na
janela

sem quaisquer poemas
e o Grande Editor me encarava
como se eu fosse uma
barata gigante.
ele não abria a porta.

"VÁ EMBORA!", eu podia ouvi-lo gritar
através da janela, "VÁ EMBORA E
NÃO VOLTE ATÉ TER
ALGUNS POEMAS!"

ele ficava genuinamente zangado
e isso me intrigava: ele esperava
de mim 4 ou 5 poemas
por dia.

eu parava em algum lugar pra beber uma
dúzia de latinhas
voltava para o meu quarto
e começava a datilografar.
a cerveja da tarde sempre tinha um gosto
bom e me vinham
alguns poemas...

levava de volta
batia na janela
acenava as páginas.

o Grande Editor sorria
agradavelmente
abria a porta
pegava as páginas
sentava e lia:
"ãmm... ãmmm... estes estão

bons... por que você não aparece
pra jantar esta noite?"

e entre a tarde
e a noite
eu voltava para o meu quarto
e assinava mais e mais
colofões.
as páginas eram grossas, de alta
gramatura, caras,
criadas para durar
2.000 anos.
as assinaturas eram lentas e
trabalhosas
escritas com caneta
especial...
milhares de colofões
e conforme eu ficava mais bêbado
para tentar não ficar
completamente louco
eu começava a fazer desenhos
e
declarações...
quando eu terminava de assinar os
colos
a pilha de páginas alcançava
dois metros de altura
no meio do
quarto.

como falei,
era um tempo muito estranho
para um escritor desconhecido.
ele me disse uma

noite:
"Chinaski, você estragou
a poesia pra mim... desde que
passei a ler a sua eu simplesmente não consigo ler
mais nada..."

grande louvor, sem dúvida, mas eu
sabia o que ele queria dizer.

todos os dias sua esposa se postava
nas esquinas
tentando vender pinturas,
suas pinturas e as pinturas
de outros pintores.
ela era uma mulher belíssima e
fogosa.

finalmente o livro ficou pronto.
isto é, menos a encadernação;
o Grande Editor não conseguia fazer
a encadernação, tinha de pagar pela
parte da encadernação e isso o
deixava puto.

mas nosso trabalho estava pronto,
o dele e o meu,
e o Grande Editor e
sua esposa me puseram no trem
de volta para L.A.

ambos parados ali
na plataforma
olhando pra mim e sorrindo
enquanto eu olhava pra trás do

assento na janela.
foi algo...
constrangedor...

por fim o trem começou
a rodar lentamente
e eu acenei e eles
acenaram
e aí quando eu já estava
quase fora de vista
o Grande Editor
ficou dando vários saltos
como um garotinho,
acenando ainda...

fui até o vagão
do bar e decidi passar
minha viagem
ali.

algumas paradas e
algumas horas depois
o portador chegou
lá atrás:
"HENRY CHINASKI! TEM
ALGUM HENRY CHINASKI AQUI?"

"aqui meu bom homem",
falei.

"porra, cara", ele disse, "eu
estava procurando você em *tudo* que é
canto desse trem!"

dei gorjeta e abri o
telegrama:
"VOCÊ CONTINUA UM F.D.P. MAS
CONTINUAMOS TE AMANDO...
　　Jon e Louise..."

fiz sinal para o portador se mandar
pedi um scotch duplo
com gelo
peguei o copo
e o ergui no ar por um instante
brindei a eles uma quase
lírica bênção
então bebi tudo
com o trem
rodando e balançando
balançando e rodando
levando-me para mais e mais
longe
daquelas mágicas
pessoas.

como são as coisas

ele morreu num domingo à tarde
e o enterro foi numa quarta;
pouca gente apareceu: sua esposa, seus
filhos, membros da família, um que outro
roteirista mais 3 ou 4 outros;
ele foi descoberto por H.L. Mencken
nos anos 30;
escrevia uma frase clara e simples
uma frase ardente,
belos contos e romances;
foi acometido no fim da vida,
ficou cego, teve ambas as pernas
amputadas, e não paravam de
cortá-lo, operando repetidas
vezes.

no hospital
ele ficou naquela cama por anos;
tinha de ser virado, alimentado,
evacuado,
mas ali
ele ditou um romance totalmente novo
para sua esposa.

jamais desistiu: esse romance foi
publicado.

um dia numa das minhas
visitas
ele me disse "sabe, Hank,

quando estava bem eu tinha um
monte de amigos, e aí... quando isso
aconteceu, eles me largaram, foi como
se eu tivesse lepra..."

e ele sorriu.

havia uma brisa passando pela
janela
e ali estava ele
a luz do sol o cobrindo
pela metade.

aqueles amigos não
o mereciam.

um grande escritor
e um ser humano maior ainda.

John, a multidão nunca terá
o amor dos poucos –
como se eu precisasse dizer isso
a você.

sozinho num tempo de exércitos

eu tinha 22 anos naquela pensão na Filadélfia e eu estava
 faminto e
louco num próspero mundo em guerra
e certa noite sentado na minha janela vi no quarto do
 outro
lado em outra pensão da Filadélfia
uma jovem agarrar um jovem e beijá-lo com grande
 alegria e
paixão.
foi então que me dei conta do buraco depravado em que
 eu havia me
metido:
eu queria ser aquele jovem naquele momento
mas não queria fazer as muitas coisas que ele
 provavelmente fizera para ir
até onde havia chegado.
pior ainda, eu me dei conta de que poderia estar
 errado.
saí do meu quarto e comecei a percorrer as ruas.
segui caminhando muito embora eu não tivesse
 comido naquele
dia.
(o dia comeu você!, cantava o coro)
caminhei, caminhei.
devo ter caminhado 8 quilômetros, então
voltei.
as luzes no quarto do outro lado estavam
apagadas.
as minhas também.
tirei a roupa e me deitei.

eu não queria ser o que queriam que eu
fosse.
e então
como eles
eu dormi.

me modernizando

bebi mais do que o normal esta noite, produzi com isso
   alguma
escrita mas eis ali minha máquina de escrever elétrica
   IBM e ambas
as fitas acabaram ao mesmo tempo: a fita de escrever e
   a fita apagadora
e geralmente consigo trocá-las
mas esta noite eu estava bêbado demais:

foi uma batalha da alma inserir a fita de escrever mas
no tocante à fita apagadora me faltou
alma: a fita grudenta grudava em coisas
indevidas, torcia-se como um pretzel, e a joguei fora e
tentei outra.
devem ter se passado dez minutos até que fiz
direito.
enquanto isso – eu já estava em outra garrafa, então
   olhei
a caixa no chão: restavam-me uma fita de escrever e
   uma
fita apagadora por isso recorri ao Manual de Instruções
   e disquei o
número 800 que acho que ficava em Maryland ou
   Dakota do Sul e
fiquei surpreso por ser atendido: eram 3:30 da manhã
   em
Los Angeles.

falei à mulher sobre a minha necessidade mas ela não
   entendia direito,
ficava exigindo um # do pedido.

eu estava com Richard Wagner no máximo volume no
 rádio e falei a ela
que eu não *tinha* um maldito # do pedido.
ela
desligou na minha cara e eu disquei de novo e dessa vez
 peguei um jovem
simpático e ele disse "que música maravilhosa o senhor
 está ouvindo...", mas
o jovem simpático também exigiu um # do pedido.
sequei uma taça inteira de vinho, falei "escuta, eu não
 tinha um
do pedido na primeira vez que liguei..."

"mas, senhor, na segunda vez que o senhor liga a regra
 é que deve ter
um # do pedido."

"você quer dizer que não posso comprar minhas fitas?
 eu sou escritor, porra, como
vou fazer? você cortaria fora os chifres de um touro?"

"o senhor tem a sua última conta aí
consigo?"

"sim, sim..."

"o # do pedido deve estar na conta,
senhor..."

"estou dizendo, não tem nada aqui indicando um # do
pedido!"

"bem, senhor..."

"NÃO, NÃO, NÃO!"

sequei outra taça de
vinho, "escuta, vamos *fazer de conta* que esta é a
 primeira vez que ligo
pra vocês e vamos começar pelo começo?"

"tudo bem, senhor... agora, o senhor *pode* listar pra
 mim o que
deseja?"

"OBRIGADO! quero 18 fitas tira-tinta, item # 1136433
 e quero 12
cartuchos de fita preta, item # 1299508."

então li para ele o # do meu cartão American Express
 que não vou incluir
aqui.

"o senhor receberá todas as suas mercadorias dentro de
 8 a dez dias, senhor..."

"OBRIGADO!"

então, desligando, notei uma linha na minha conta
 anterior, ela dizia # DE
PEDIDO 11101 – isso e aquilo e traço isso e aquilo.
tinha estado ali o tempo
inteiro.

AGORA eu estava PRONTO para escrever de novo, o
 socorro já vinha, minha mente

livre, inclinei o corpo à frente e comecei a bater as
   teclas:
frsyj mrbrt ,syyrtrf sd ,ivj, sd yjsy dytuhhlr yo dysy
slibr s,pmh yjr %rp%;r smf om d%oyr pg yjs
%rp%;r.
frsyj eo%% mr yjr rsdody %sty.

nem sempre funciona

conheci um escritor uma vez
que sempre tentava enxugar suas frases

tipo ele escrevia:
um velho com chapéu de feltro verde caminhava pela
rua.

mudava para:
um velho de verde caminhava na rua.

mudava para:
um velho verde caminhava na rua.

mudava para:
velho verde caminhava.

mudava para:
verde caminhava.

por fim esse escritor dizia
merda, não consigo peidar,
e ele explodia o próprio
cérebro.

explodia próprio cérebro.

explodia cérebro.

explodia.

eu tenho um quarto

eu tenho um quarto aqui em cima onde me sento
 sozinho e é bem
parecido com meus quartos do passado – garrafas e
 papéis, livros,
cintos, pentes, jornais velhos, lixo de todo tipo
 espalhado.
minha desordem jamais foi escolha, ela apenas chegou
 e
permaneceu.

no tempo de cada um não há nunca tempo suficiente
 para deixar
tudo arrumado – há sempre colapso, perda, a
dura matemática da
confusão e
do cansaço.
somos arengados por imensas e triviais tarefas
e chegam os momentos de estoicismo ou de horror
 quando fica
impossível pagar uma conta de gás ou até responder à
 ameaça da
Receita Federal ou de cupins ou da condenação papal
 de entregar
a alma para autovigilância.

tenho um quarto aqui em cima e é bem o mesmo de
 sempre:
o fracasso de viver grandiosamente com a mulher ou
 com o
universo, fica tão abafado, tudo em carne viva com auto-

acusação, atrito, re-
prises.

tenho um quarto aqui em cima e já tive este mesmo
    quarto em
tantas cidades – os anos subitamente remotos, sigo
sentado e o sentimento é igual ao da minha juventude.

o quarto sempre foi – ainda é – melhor à noite –
o amarelo da luz elétrica enquanto bebo
sentado – tudo de que precisamos era um pequeno
    retiro
de todo o irritante absurdo:
sempre poderíamos aguentar o pior se nos fosse
    permitido
às vezes o mais ínfimo despertar do pesadelo,
e os deuses, até aqui, nos permitiram
isso.

tenho um quarto aqui em cima e me sento sozinho nos
    extremos
flutuantes, batentes, loucos, e sou preguiçoso nestes
    campos da dor
e as minhas amigas, as paredes, apoiam essa aposta-
    única –
meu coração não consegue rir mas às vezes sorri
na luz elétrica amarela: ter chegado tão longe para
sentar sozinho
de novo
neste quarto aqui em cima.

um homem para os séculos

no todo, bebendo aqui rumo às primeiras horas da
 manhã e
absorvendo o que o rádio me dá: muitos dos
 compositores das
eras entraram, saíram, tudo no todo, sugando este
adorável vinho e ouvindo, me veio Bach: ele
saboreia a risada de júbilo antes da morte, cada nota
 como um feijão
selvagem, me entristece que ele tenha baseado sua vida
 em Deus,
embora eu entenda que isso seja às vezes necessário,
 mas
não importa tanto a crença de um homem e sim o que
 ele faz e
Bach o fez tão bem, e ao escutá-lo neste quarto
 pequeno eu
me sinto um herói só por estar vivo, por ter braços,
 pernas,
uma cabeça, todas as diversas peças enquanto fico
 escutando, ingerindo o
som e sugando este adorável vinho

um morto se tornou um amigo e tanto

espero que ele tenha encontrado Deus
ele merece Deus
e Deus
se Ele existir
merece
Bach

e nós também merecemos:

nós os bebuns
nós os agnósticos:

essas notas pulando como feijões
selvagens.

querido papai

uma das coisas mais venturosas
que me aconteceram
foi ter um pai cruel e
sádico.

depois dele
as piores coisas que as Moiras
lançaram sobre mim
nem de longe pareceram tão
terríveis –
coisas que a outros homens
causariam
raiva, desespero, desgosto,
loucura, pensamentos suicidas
e
assim por diante
tiveram efeitos irrelevantes
sobre mim
graças à minha
criação:
depois do meu pai
praticamente *tudo* parecia
bom.

eu deveria realmente ser
grato àquele
velho de merda
morto há tanto tempo
agora
ele me preparou

para todos os numerosos
infernos
me levando lá
bem antes
do tempo
através dos inescapáveis
anos.

paz e amor

nos anos 60
escrevi uma coluna para um jornal
hippie.

eu não era um hippie (já tinha
40 e poucos) mas achei
legal que o jornal
me permitisse expor minhas
errantes
visões
uma vez por
semana.

para cada uma daquelas obras
geniais
eu ganhava
$10 (às vezes).

agora
havia outro jornal
hippie
querendo comprar meus
serviços.

estavam me oferecendo
$15 para cada
coluna.

não querendo parecer um
desertor

eu estava pedindo
$20.

então
eu visitava o outro
jornal
com bastante frequência
negociando com o
editor
a diferença de
5 pratas
enquanto esvaziávamos uma
dúzia de latinhas.

uma coisa legal desse
jornal hippie é que
quando eu entrava
todo mundo começava
a gritar meu
nome:

"Ei, Chinaski!"

"Chinaski!"

eu gostava,
ficava me sentindo uma
estrela.

e eles também
gritavam
"PAZ E AMOR!"

"PAZ E AMOR!"

várias gatinhas
gritavam isso pra
mim
e eu gostava
disso
embora eu nunca tenha
respondido às
saudações
exceto por um leve
sorriso
e um quase
invisível
aceno da mão
esquerda

eu ia falar com o
editor e dizia
pra ele "escuta, legal o
ambiente de vocês aqui, a gente
precisa bolar
algo..."

no entanto
nunca bolávamos
nada
mas decidi
continuar
insistindo...

então
houve a semana
em que fui
lá

e o lugar todo estava
fechado: ninguém, na-
da
lá
dentro...

bem, pensei, quem sabe
se mudaram, quem sabe acharam
um
lugar mais barato.

então
me afastei de lá
e segui caminhando
e no meu caminho
olhei para dentro de um café
e a mais estranha das
improbabilidades
aconteceu:
lá estava o editor
sentado a uma
mesa
então
entrei
e ele me viu
chegando
e falou "senta aqui,
Chinaski."

eu sentei
e perguntei
a ele:

"o que aconteceu?"

"é triste, tivemos que
fechar justo quando estávamos
crescendo em circulação
e
anúncios."

"ah é? e?"

"bem, 4 ou 5 deles
não tinham onde dormir então
falei que podiam
dormir no escritório à
noite desde que não fizessem
barulho e desligassem as luzes... então
eles trouxeram seus colchões
d'água, seus cachimbos, seu ácido,
seus violões, sua erva, seus
discos do Bobby Dylan e
parecia correr tudo
bem..."

"ah é? e??..."

"eles usavam os telefones de
noite. longa distância pra vários lugares,
alguns deles pra
França, Índia ou China
mas
na maioria
pra
lugares nos E.U.A.
mas pra onde quer que ligassem
era sempre por um longo

tempo, algo entre 45
minutos e 3 horas e
meia..."

"Jesus..."

"é, não conseguimos pagar a conta,
portanto adeus ligações, cobradores
atrás da gente, tivemos que
fechar..."

"sinto muito, cara..."

"tá tudo
bem..."

"eu tenho umas
verdinhas", falei, "vamos
achar um
bar..."

bem, achamos
um e ele pediu um
scotch & soda e eu
pedi um whiskey
sour
e ficamos ali sentados
olhando reto
pra frente
realmente
sem ter muito a
dizer

exceto que

algum tempo depois
nós dois ainda ali
bebendo mais do
mesmo

ele me contou
que sua esposa o tinha
trocado
por um corretor
de imóveis
que trabalhava baseado no
Arizona e no
Novo México
onde as coisas estavam
indo
incrivelmente bem
sobretudo na área de
Santa
Fé.

o mundo dos manobristas

depois de ter meu carro arrombado duas vezes
no hipódromo –
você sabe como é: sua porta está
arrombada quando você
chega
e dentro não há nada além de
grandes buracos vazios onde antes
havia o equipamento, nada além dos
fios
enrolados...

então me decidi pelo estacionamento
com manobristas
sentindo que seria mais barato
no longo
prazo...

e a primeira coisa que notei
no meu primeiro dia de estacionamento
com manobristas
foi que pelo preço
extra
eles serviam uma
conversinha

"ei, amigão, como você arranjou
um carro desses? você não tem cara
de muito inteligente... você deve ter
herdado uma grana do seu
pai..."

"você adivinhou", eu disse ao
manobrista.

no dia seguinte outro manobrista
me disse "escuta, posso te arranjar
uma caixa barata de vinho e tem uma
garota aleijada no motel do outro lado do
hipódromo que faz o melhor boquete desde
Cleópatra..."

o manobrista seguinte disse "ei, cara de cu,
como é que vai?"

eu observava e percebia que os
manobristas tratavam os outros clientes com
civilidade padrão.

então
um dia
não quiseram me dar
recibo para o meu
carro.

"como vou provar que esse
carro é
meu?"

"você vai ter que
nos convencer..."

quando saí naquela
tarde
lá estava o meu carro

estacionado numa
saída junto à
cerca viva, não precisei
esperar como os
outros
e eu sempre escutava
alguma
historinha:

"ei, cara, minha esposa tentou
cometer suicídio..."

"eu acho
compreensível..."

dia após dia
diferentes histórias de
diferentes
manobristas:
"eu amo a minha esposa mas tenho uma
namorada e eu como ela que nem
louco... quer dizer, um dia tudo que eu vou ficar
fazendo é queimar uma fumacinha azul, então que
merda?"

"Frank", eu disse a ele, "como você estica a sua
jogada é problema seu..."

e
tipo digamos
quarta passada houve uma estranha
ocorrência:

lá está o manobrista-chefe
e ele tem uns fones de ouvido e
microfone
que usava pra passar os carros dos
clientes
para os motoristas das picapes
distantes
e ele colocou os fones de ouvido
na minha cabeça e ali estava
o microfone
e ele me disse
"o Frank quer uma palavra
sua..."

e eu o vi lá adiante
operando a picape
branca
e falei no
microfone:

"Frank, bebê, tudo é
morte!"

e o escutei responder pelos
fones de ouvido:

"ISSO-AÍ PORRA!"

ele acenou e então precisou
pisar fundo no freio
e quase acertou um
Caddy 86 azul

foi nas corridas do Hollywood Park
verão de 1986
e os manobristas que estacionaram o
detonado BMW 1979 do
velho com os faróis de neblina
arrancados
e as pequenas cores da
bandeira alemã
canto esquerdo
janela traseira

entrei nessa máquina e rodei
pra longe de lá, os séculos ainda
avançando rumo ao escuro
para sempre e
para sempre
e rodei para o leste pelo Century
entrei na Harbor Freeway
ao sul

há muito mais coisa envolvida nas apostas
em cavalos do que pagar ou rasgar
recibos.

vivo para escrever e agora estou morrendo

já contei antes e nunca foi publicado então
talvez eu não tenha contado direito, então
é assim: eu estava em Atlanta, morando num barraco
por $1.25 por semana.
sem luz.
sem aquecimento.
um frio de rachar, estou sem dinheiro mas tenho
selos
envelopes
papel.

mando cartas pedindo socorro, só que não conheço
ninguém.
tem os meus pais mas sei que eles não vão estar
nem aí.
escrevo uma pra eles
mesmo assim.

depois
pra quem mais?

o editor da *New Yorker*, ele deve me conhecer, eu
enviei um conto por semana pra ele por
anos.

e o editor da *Esquire*

e a *Atlantic Monthly*

e *Harper's*.

"não estou submetendo texto", eu
escrevia, "ou talvez esteja... de todo modo..."
e aí vinha a proposta: "só um dólar, vai
salvar a minha vida..." e etc. e etc...

e por algum motivo
eu tinha os endereços de Kay Boyle e Caresse
Crosby
e
escrevi para elas.

pelo menos Caresse *tinha* me publicado em sua
Portfolio...

levei todas as cartas até a caixa de correio
larguei lá dentro e
esperei.

pensei, alguém ficará com pena do escritor
faminto, sou um homem
dedicado:

vivo para escrever e agora estou
morrendo.

e
cada dia
eu achava que seria
meu último.

eu atrasava o aluguel, encontrava pedaços de comida
nas ruas, geralmente
congelados.

eu levava pra casa e descongelava
embaixo da colcha.

eu pensava no *Fome* de Hamsun
e
ria.

um dia frio era seguido por outro,
lentamente.

a primeira carta foi do meu pai,
seis páginas, e sacudi as páginas
repetidas vezes
mas não havia dinheiro
algum
só
conselhos,
o principal sendo
este: "você nunca será um
escritor! o que você escreve é feio
demais! *ninguém* quer ler essa
BOSTA!"

então chegou o
dia!
uma carta de Caresse
Crosby!

eu abri.
nada de dinheiro
mas
texto datilografado bonitinho:
"Caro Charles,
foi bom receber notícias

suas. desisti da
revista. moro agora num
castelo na Itália. é
no alto de uma montanha mas
embaixo há um vilarejo
com frequência desço lá
para ajudar os pobres. sinto
que é a minha missão.
    com amor,
           Caresse..."

ela não tinha lido minha carta?
eu
era o pobre!
eu precisava ser um camponês
italiano para me
qualificar?

e os editores das revistas nunca
responderam e tampouco
Kay Boyle
mas nunca gostei do que ela escrevia
de qualquer maneira.
e nunca esperei grande coisa
dos editores das
revistas.

mas Caresse
Crosby?
BLACK SUN PRESS?

eu agora até lembro como
afinal saí de
Atlanta.

eu estava simplesmente vagando pelas
ruas e cheguei a uma
pequena área
arborizada.
havia uma cabana de zinco ali
e um grande letreiro vermelho
dizendo: "VAGAS DE TRABALHO!"

dentro havia um homem com
agradáveis olhos azuis e ele era
bastante cordial
e assinei pra me juntar aos
operários de uma ferrovia:
"em algum ponto a oeste de
Sacramento."

no caminho de volta
naquele vagão empoeirado de cem anos de idade com
os assentos rasgados e os ratos e
as latas de feijão com carne de porco
nenhum dos caras sabia que eu tinha sido
publicado na *Portfolio* junto com
Sartre, Henry Miller, Genet e
etc.
junto com reproduções de pinturas de
Picasso e etc. e etc.
e se tivessem ficado sabendo estariam
cagando e andando
e francamente
eu mesmo estava.

só algumas décadas depois
quando eu me via em circunstâncias *ligeiramente*
    melhores

que me aconteceu de ler sobre a morte de
Caresse Crosby
e outra vez fiquei desconcertado
por sua recusa em
mandar uma reles notinha para um
gênio americano faminto.

é isso
esta é a última vez que vou escrever essa
história.
ela deveria ser
publicada...

e se for vou receber centenas
de cartas
de gênios americanos famintos
pedindo uma prata, cinco pratas, dez ou
mais.

não vou lhes dizer que estou ajudando os
pobres, à la Caresse.

vou mandá-los ler
os *Poemas reunidos de
Kay Boyle.*

rasgue

quando um poema não funciona, esqueça, não o persiga, não tente
acariciá-lo e molestá-lo, não o faça entrar nos A.A. ou virar um cristão nascido
de novo.

quando um poema não funciona, simplesmente tire a folha da
máquina, rasgue, jogue no lixo – dá uma sensação boa.

ouça, você escreve porque é a última metralhadora
na última colina.

você escreve porque é um pássaro sentado num fio, aí
subitamente suas asas batem e o seu traseiro idiota está
voando no ar.

você escreve porque o manicômio está lá arrotando e
peidando, pesado de mentes e corpos, você escreve porque
teme o extremo da loucura...

quando um poema não funciona, ele não funciona; esqueça;
o ritmo é a essência.

sei de uma dama que escreve tantos poemas que ela deve
levantar às 7 da manhã e datilografar até a meia-noite.

ela está numa competição de escrita de poesia –
 consigo
mesma.

quando um poema não funciona, não é o fim; não é
 sequer uma
banana podre, não é sequer uma ligação por engano
 pedindo para falar com
Blanche Higgins.

quando um poema não funciona é só porque você não
 acertou a mão
naquele momento.
ou você acerta
em algum momento?

pegue esse papel, rasgue, descarte, então
espere.

mas não fique sentado diante da máquina, faça outra
coisa – olhe tv, diga oi à sua esposa, mime o
gato.

nem tudo é feito
de papel.

Henry Miller e Burroughs

você quer dizer que não gosta deles?,
me perguntam toda
hora.

não.

qual é?

só não gosto.

não posso acreditar. por que
você não gosta
deles?

ah, meu deus, vai à merda.

você gosta de alguém?

claro.

cite os nomes.

Céline, Turguêniev, Dostoiévski, o Górki
do começo, J.D. Salinger, e.e. cummings,
Jeffers, Sherwood Anderson, Li Po,
Pound, Carson McCullers...

ok, ok, mas não acredito que
você não goste de Henry Miller ou Burroughs,
principalmente Henry Miller.

vai à merda.

chegou a conhecer o Miller?

não.

acho que você está brincando comigo sobre não gostar de
Henry Miller.

hmm hmm.

é inveja profissional?

não creio que seja.

o Miller abriu as portas pra todos
nós.

e eu estou abrindo a minha porta pra
você.

por que você está irritado com tudo
isso?

não irritado, mas você já comeu o
cu de uma galinha?

não.

faça isso, então volte que a gente
conversa sobre William B. e principalmente
Henry M.

eu te acho um babaca esquisito...

cai fora ou eu te tiro daqui na
porrada.

você vai ouvir falar de mim.

se um dia ouvirem falar de você vai
ser porque escrevo sobre
você, agora cai
fora!

boa noite.

boa, falei com a porta
fechando,
noite.

árvore genealógica

nada de mais na minha árvore genealógica, bem, houve
 o meu tio
John, procurado pelo F.B.I., me pegaram primeiro.
Vovô Leonard, no meu lado paterno, ficava muito
amável quando bebia, elogiava todo mundo, distribuía
 dinheiro,
chorava copiosamente pela condição humana, mas
 quando ficava
sóbrio se dizia dele que era uma das criaturas mais
ruins jamais vistas, escutadas ou evitadas.
não muito mais exceto Vovô Willy no meu lado
materno (lá na Alemanha): "Ele era um homem
 amável,
Henry, mas tudo que queria fazer era beber e tocar seu
violino, ele tocava tão bem, ele tinha um ótimo
emprego numa orquestra sinfônica de primeira mas o
perdeu por causa da bebida, ninguém queria contratá-
lo, mas ele era bom com o violino, ele ia para os cafés
e pegava uma mesa e tocava seu violino, botava o
 chapéu
sobre a mesa de cabeça pra baixo e as pessoas
 colocavam um
monte de dinheiro dentro mas ele continuava
 comprando bebida e
tocando o violino e logo passou a não tocar tão bem
assim e pediam que ele saísse mas na noite
seguinte ele encontrava outro café, outra mesa, ele
escrevia sua própria música e ninguém conseguia tocar
 violino
como ele conseguia.

Ele morreu certa noite na mesa, largou o
violino, tomou a bebida, deitou a cabeça na mesa e
morreu".

bem, houve o meu tio Ben, ele era tão bonito que
assustava, ele era bonito demais, ele simplesmente
    fulgurava,
não dava para acreditar e aquilo não passava, tudo que
    ele
podia fazer a respeito era sorrir e acender outro cigarro
e encontrar outra mulher para sustentá-lo e consolá-lo,
    e
depois encontrar outra mulher para fazer o mesmo, e
    depois encontrar
outra.
ele morreu de tuberculose num sanatório nas colinas,
    o maço de
cigarros embaixo do travesseiro, morto ele sorria, e em
    seu
enterro 2 dúzias das mais lindas mulheres de Pasadena,
Glendale e Echo Park choraram
desavergonhadamente enquanto meu pai o xingava no
    caixão: "Seu
filho da puta desgraçado, você nunca trabalhou um
    único dia na
vida!".

meu pai, é claro, foi um que eu nunca consegui decifrar
    –
quero dizer, como é que ele pode ter conseguido entrar
    na árvore
genealógica.
mas eu estava me sentindo bastante bem até aqui, mal
    pode haver

algum proveito em fazer disso aqui um poema
   depressivo.

bem, às vezes você ganha um macaco estranho num
   galho e tudo que você
pode fazer é perdoar se puder e esquecer, se possível,
e se nem uma nem outra coisa adiantar, então pense
   nos outros
e saiba que ao menos parte do seu sangue tem alguma
esperança.

estar aqui

quando chega o pior, não há nada a se
fazer, é quase caso de você rir, vestir suas roupas
de novo, sair, ver rostos, máquinas,
ruas, prédios, o desenrolar do
mundo.

eu expresso gestos, troco somas de dinheiro, respondo
   a
perguntas, pouco pergunto, com as horas marchando,
me seguindo, elas não são sempre constantemente
terríveis – por vezes sou acometido por uma louca
alegria e rio, mal sabendo
por quê.

talvez o pior truque que aprendi seja o de
resistir; preciso aprender a ceder, isso não é
algo suspeito.

somos sérios demais, precisamos aprender a lograr
nossos céus e nossos infernos – a brincadeira está
   jogando
conosco, precisamos jogar de volta.

nossos sapatos vão andando, carregando-
nos.

quando chega o pior, nada deveria ser
pior.

a exatidão é a liberdade: cem

mil muros ou mais
e mais
de nada, seus ossos sabem mais do que a sua
mente.

a única vida

eu era como um daqueles doidos dos séculos passados,
 eu era
Romanticamente louco com a minha obsessão – ha, ha,
 ser um
escritor, eu escrevia noite e dia. eu escrevia até quando
 estava
adormecido
e na maioria das vezes eu escrevia quando estava
 bêbado, até quando não
estava escrevendo.

ah, aquelas dúzias de quartos baratos, minha barriga
 achatada contra
o cu, fui a 60 quilos numa carcaça de
um metro e oitenta. PASSEI FOME. haha, para poder
 escrever.
(esta é uma história verídica) (não são todas?) e
todos os meus escritos voltavam e afinal precisei
jogá-los fora porque
havia mais espaço de papel do que havia espaço de
mim
e continuei a escrever novas obras que continuaram
voltando e eu pensava
Schopenhauer, Van Gogh, Shostakovich, Céline, Dostoiévski
e continuava escrevendo e tudo voltava
de novo
e eu pensava
Villon, Górki, Turguêniev, Sherwood Anderson
e escrevia e escrevia
e ainda nada acontecia

e quando afinal COMI
você não imagina como
    A COMIDA PODE SER VERDADEIRAMENTE
    LINDA, CADA
    MORDIDA UM MILAGRE DE
    LUZ SOLAR SOBRE A ALMA CAMBALEANTE,
haha,
e eu pensava,
Hamsun, Ezra Pound, T.S. Eliot
mas nada acontecia –
todas as minhas máquinas de escrever perdidas na
    penhora e eu
imprimia as páginas em tinta
e elas voltavam
e eu as jogava fora
e escrevia um pouco mais e passava fome um pouco
mais.

ah, tive um aprendizado, tive sim, e agora tive um
    pouco de
sorte, alguns estão começando a pensar que posso
    escrever, mas
na verdade só a escrita é o lance, agora como foi antes,
seja sim ou não ou algo no meio, é só a escrita, é
o único siga quando tudo mais diz pare
e uma parte ainda volta agora e penso
Nietzsche, e.e. cummings, Robinson Jeffers, Sartre,
    Camus, Hemingway,
o som da máquina, o som da máquina, palavras
mordendo papel, não há nada mais, não pode haver nada
mais, não importa que volte, não importa que fique e
    quando
acabar, ha
ha.

Charles Bukowski
1148 W. Santa Cruz st.
San Pedro, Calif. 90731

Stomping at the Savoy

now look, Captain, I want the walking wounded at
their posts, we can't spare a man, if these
Huns knew our ranks were thinning they'd
eat us alive and rape our women and children
and, god help us, our pets
too!

out of water? have them drink their blood!
what do you think this is, a fucking
picnic?
I'll give you your <u>picnic</u> up your
ARSE! get
that?

now look... we lure them in, outflank them,
they'll be gobblin' their own shit in
panic!
we'll have their bones for picket fences!
you'll be heroes to our ladies, they'll
lick your balls gratefully into Eternity!
got that?

quitters don't win, and besides that, any
man I see retreating, I'm gonna blow a hole
in him big enough so you'll be able to see
your grandmother's asshole picking dasies in
Petaluma!
hear me?

oh shit! I BEEN HIT! get the doc! get all
the docs!
<u>cocksucker</u>! whoda guessed? lucky shot!
those Huns couldn't hit a wet dream at
3 paces!

Captain! you're in command! you blow this
thing and I'm gonna twist your legs and stuff
'em up your stupid rear! got it?

I con't want those Huns finger-fucking Melba
on the veranda!
God's on our side! He told me once, "Listen,
those Huns gotta go! they don't wash under
the armpits and they comb their hair with
peach jelly!"

Captain! I think I'm going! get a nurse
here, I need some head! and hurry! this
war ain't got all day!

batendo pé no Savoy

agora ouça, Capitão, eu quero os andantes feridos em
seus postos, não podemos poupar um só homem, se
 esses
chucrutes soubessem que nossas fileiras estão
 escasseando eles
nos comeriam vivos e estuprariam nossas mulheres e
 crianças
e, deus nos ajude, nossos bichinhos
também!

sem água? faça com que bebam o próprio sangue!
o que você acha que isso é, um maldito
piquenique?
vou te dar um *piquenique* enfiado no teu
RABO! tá
entendendo?

agora ouça... nós atraímos eles, flanqueamos,
eles vão engolir a própria merda de
pânico!
usaremos seus ossos pra fazer estacadas!
vocês serão heróis para nossas damas, elas
lamberão suas bolas com gratidão Eternidade adentro!
entendeu?

desistentes não vencem, e além disso, qualquer
homem que eu ver recuando eu vou abrir nele um
buraco tão grande que você vai poder ver
o cu da sua vó colhendo margaridas em
Petaluma!
tá me ouvindo?

ah, merda! ME ACERTARAM! chama o doutor! chama todos
os doutores!
veado! quem podia imaginar? deu sorte!
esses chucrutes não acertam um sonho molhado a
3 passos!

Capitão! você está no comando! se você fizer
cagada eu torço suas pernas e meto
as duas no seu traseiro idiota! entendeu?

não quero esses chucrutes enfiando os dedos na Melba
na varanda!
Deus está do nosso lado! Ele me disse uma vez, "Ouça,
esses chucrutes precisam ter fim! eles não lavam
os sovacos e penteiam os cabelos com
geleia de pêssego!"

Capitão! acho que vou indo! chame uma enfermeira
aqui, preciso de um boquete! e depressa! essa
guerra não pode esperar o dia todo!

os dias gloriosos

os rios mortos correm para trás em direção a lugar
 nenhum,
os peixes gritam através das memórias de neon,
e me lembro de você bêbada na cama
naquele quarto barato de hotel
sem ninguém com quem morar além de mim,
que inferno arrastado deve ter
sido, você com
um jovem beberrão dez anos mais novo
andando pelo quarto de cueca e
se gabando aos deuses surdos enquanto
estilhaçava copos nas paredes.

você certamente se viu deslocada no espaço e no
tempo,
seu casamento quebrado sobre ladrilhos
manchados
e você
sendo comida por um
otário de suíças aterrorizado pela
vida, surrado pelo acaso, aquela
coisa
andando pelo quarto, úmido cigarro enrolado
na boca de macaco, então
parando para
abrir outra garrafa de vinho
vagabundo.

os rios mortos de nossas vidas,
corações como pedras.

sirva o sangue vermelho do vinho.
pragueje, reclame, chore, cante
naquele quarto barato de hotel.

você, acordando... "Hank?"
"hã... aqui... que porra você
quer?"
"diabo, me dá uma bebida..."

o desperdício
mas a coragem da
aposta.

de onde virá o aluguel devido?

vou arranjar um emprego.
você vai arranjar um emprego.
sim, baita chance, baita bosta de
chance
seja como for, vinho suficiente nos leva além do
pensamento.

eu quebro um enorme copo na
parede.
o telefone toca.
é o recepcionista de novo:
"Sr. Chinaski, devo advertir..."

"AH, VAI ADVERTIR A BOCETA DA TUA MÃE!"

o telefone batido com força.
poder.

sou um homem.
se você gosta de mim, gosta disso.
e sou inteligente também, sempre te
disse isso.

"Hank?"
"hã?"
"quantas garrafas temos ainda?"
"3."
"que bom."

andando pelo quarto, tentando voar, tentando
viver.
memórias de neon gritam o peixe.

4º andar de um hotel da 6th street, janelas
abertas para a cidade do inferno, a preciosa respiração
dos pombos solitários.

você bêbada na cama, eu brincando de milagre,
rolhas de garrafa de vinho e cinzeiros cheios.
e como se todo mundo estivesse morto, todo mundo
morto com as cabeças no lugar,
precisamos conquistar o açoite do
lugar nenhum.

me veja de camiseta e cueca,
pés descalços sangrando cacos de vidro.

existe certa saída que começa com
3 garrafas
restantes.

parabéns, Chinaski

conforme me aproximo dos 70
recebo cartas, cartões, presentinhos
de pessoas estranhas.
felicitações, elas me
dizem,
felicitações.

sei o que querem dizer:
do jeito que vivi
eu deveria ter morrido em metade
do tempo.

empilhei sobre mim uma montanha de
grandioso abuso, fui
descuidado comigo mesmo
quase ao nível da
loucura,
ainda estou aqui
debruçado nesta máquina
nesta sala impregnada de fumaça,
a grande lata de lixo à minha
esquerda
cheia de embalagens
vazias.

os médicos não têm respostas
e os deuses estão
calados.

felicitações, morte,
por sua paciência.
eu te ajudei o máximo que
pude.

agora mais um poema
e uma volta na sacada,
que bela noite aqui.

estou usando cueca e meias,
coço suavemente minha velha
barriga,
olho lá fora
olho além do lá fora
onde o escuro encontra o escuro

tem sido uma loucura
esse jogo.

ele atacou os moinhos de vento, sim

algo que nos faça prosseguir é necessário
ao extremo
agora que as leiteiras gritam obscenidades
em dialetos diversos,
o moinho foi fechado,
há assassinatos em massa nas
lanchonetes,
o frade Tuck está ferrado,
os Estados Unidos aparecem em 17º nas
nações com maior longevidade do
indivíduo,
e ninguém limpa o para-brisa.

a besta dorme em Beverly Hills,
Van Gogh é um bilionário ausente,
o Homem de Marte dá um ás de
espadas,
Hollywood vira novela,
o cavalo cavalga o jóquei,
a puta chupa o congresso,
o gato tem só uma vida restante,
a rua sem saída é um psiquiatra,
a mesa está servida com fantasias da cabeça do peixe,
o sonho bate como um porrete na latrina
dos homens,
os sem-teto são roubados,
os dados são viciados,
a cortina está baixada,
os assentos estão vazios,
o vigia se suicidou,

as luzes estão apagadas,
ninguém espera por Godot
algo que nos faça prosseguir é necessário
ao extremo,
absurdamente,
agora mesmo
na floresta em chamas
no mar moribundo
nos sonetos maçantes
e nos desperdiçados
nasceres do sol,
algo é necessário
aqui
além dessa música
podre,
dessas décadas ceifadas,
desse lugar desse jeito,
desse tempo,
o seu,
mutilado, cuspido
para longe,
as costas de um espelho, a
teta de uma porca;
semente sobre rocha,
fria,
nem mesmo a morte de
uma barata
agora.

todos os meus amigos

Van Gogh acabou de vir aqui me reclamar
que Theo tinha lhe mandado as tintas
erradas.
mal passara um momento desde sua saída
quando Dostoiévski bateu e pediu um
empréstimo para pagar a roleta,
alegou estar trabalhando numa obra-prima,
algo chamado *Crime e castigo*
então Chatterton bateu e perguntou se eu não
tinha um pouco de veneno de rato, disse que tinha
   uma ideia de
como se livrar dos ratos.
Villon ficou sentado dando chilique metade da noite
   sobre
como tinha sido banido de Paris – não por sua
escrita mas simplesmente por causa de certo roubo
trivial, sério, ele disse, titica de galinha.
depois o Ernie chegou, ele estava bêbado e começou
a falar sobre as touradas, é só disso que ele fala:
touradas e pescaria, o GRANDE que escapou,
e ele não se desliga da guerra, da guerra, da guerra.
fiquei contente quando ele saiu.
Picasso chegou em seguida e reclamou que sua
amante da vez, também uma pintora, tinha inveja
dele, ela achava que sabia pintar mas era
contida por ser mulher e que um
dia pintaria um livro sobre ele chamando-o
de reles monstro babaca e com isso ela ganharia
a única fama pela qual tanto ansiava.
então Knut Hamsun apareceu e afirmou ter sofrido

armação na história dos crimes de guerra.
seguido por Ezra que falou do mesmo assunto.
seguido pelo bom doutor Céline.
então H.D. veio e disse "agora eu só queria que eu
tivesse usado meu nome verdadeiro, Hilda Doolittle,
   que vá pro inferno
o Manifesto Imagista, acabou acontecendo de todo
   modo que quando
as pessoas viam 'H.D.' tudo que faziam era inverter as
   iniciais
e pensar naquele merda do D.H. Lawrence."
depois Mozart, o ex-menino prodígio, bateu e pediu
uma moedinha, eu dei, que impostor fingindo estar
em apuros depois de escrever mais sinfonias do que
   qualquer homem
que eu consiga lembrar.
depois o Ernie veio de novo, pedindo pra pegar
   emprestado um cartucho
de espingarda, dizendo ter uma caça especial em
mente.
deixei que ele levasse.

aí Borodin bateu, alegando que sua esposa o fazia
   dormir nas
escadas e sempre virava um demônio quando ele
   apertava o saquinho de chá
com a colher.

depois disso me cansei de todas as batidas e de todas as
   pessoas – fiquei
gritando para Beethoven ir embora mas ele não parava
   de bater –
então desliguei as luzes, meti meus tampões de ouvido e
   fui dormir

mas não adiantou porque tive um pesadelo e eis ali
o tal Van Gogh de novo, só que ele não tinha cortado
 fora só uma orelha
e sim as duas orelhas, quero dizer, ele realmente
 parecia fodido, e ele mandou
uma orelha para uma prostituta e a outra para outra e
 a primeira
prostituta teve ânsia de vômito e jogou a orelha por
 cima do ombro esquerdo mas
a segunda prostituta só riu, baixou as calcinhas e
enfiou a orelha no reto dizendo "agora posso escutar
 os cacetes
entrando e a merda caindo."

então acordei e os ossos do crânio e o sangue de
 Hemingway pingaram
em mim do
teto.

um leitor escreve

"Caro sr. Chinaski:
Ainda gosto da sua escrita mas gostava
mais nos bons tempos, quero dizer, quando você
escrevia coisas como 'quando ela se curvou eu
vi aquela bunda toda'. Ou
você escrevia sobre as detenções de bêbados e os ratos
e as baratas e os camundongos.
Eu gostava de todos os seus problemas com mulheres,
    eu tenho
problemas com mulheres também e realmente curtia
    o que
você estava nos passando.
Eu gostava da loucura toda, das brigas no
beco, das batidas da polícia.
Seria bom se houvesse mais disso, me dá energia.
Sei que você vai cagar pra isso mas vou
lhe contar mesmo assim.
Temos um grupo, a gente toma umas,
bota uns discos do Frank Sinatra e lê os seus textos
em voz alta.
Queira nos dar mais daquilo de
antigamente.
é isso aí!"

Caro Leitor:
Sobre o sr. Sinatra vamos esquecer, mas
devo lhe dizer que tenho hoje 70 anos de idade e é
uma surpresa para mim também mas se eu continuasse
    escrevendo sobre
espiar as bundas das mulheres eu não teria tempo de

escrever sobre como meu gato atravessa a sala enquanto
transmite os segredos da Eternidade para o meu cérebro, quero dizer,
olha, dá pra escrever sobre algo até a morte, a maioria faz isso ao
descobrir que faz vender livros mas não escrevo para vender
livros eu escrevo para impedir que as entranhas da minha psique se afoguem
nas águas cheias de bosta desta assim chamada Existência.
Pegue Hemingway, ele foi escrevendo cada vez mais pra dentro do mesmo
círculo apertado que afinal se fechou e o espremeu até a
morte.
Pegue J.D. Salinger, ele escreveu histórias vívidas e envolventes da juventude etílica mas quando ficou mais velho não
havia mais nada parecido para escrever.
A especialização é a morte, um doce ruim apodrecido.
A jogatina é a única saída, você precisa ficar lançando novos dados.
Quanto às mulheres, elas são superestimadas porque nós as
superestimamos.
Você realmente não pode esperar de mim que eu continue escrevendo sobre as
bundas grandes de certas mulheres.
Mas tive de fato alguns problemas, algumas dúvidas sobre
abandonar essa vasta e lucrativa área – pois eu estava ganhando

mais do que o aluguel fazendo aquilo e então por que
 correr o risco
de escrever sobre, digamos, um azulão de uma só asa se
 debatendo
num montinho de folhas podres?
Eu precisava, é por isso, e se tirarem o aluguel e mais
ainda vou precisar.
Não invento pretextos para o meu assunto e ele não
inventa pretextos para mim.
Por exemplo, certa vez conheci um popular compositor
 que tinha um
problema – ele tinha ficado famoso escrevendo canções
sobre a vida dura nos motéis de Hollywood e ele
 morava
num e ficou rico e famoso e continuava
morando lá, temendo que caso se mudasse
perderia sua imagem pública e sua popularidade.
Na verdade, porém, não faz nenhum sentido um
 homem rico ficar
morando num motel barato hollywoodiano porque
 simplesmente
não é a mesma coisa que um homem pobre morando ali.
Para sorte dele o lugar foi fechado e ele
não precisou fingir mais.
Assim como as minhas histórias sobre pensões baratas
 eram
escritas porque eu morava nelas.
Nós tocamos a vida em frente e se tivermos sorte
 encontramos material
novo.
O assombro, a novidade e o inferno estão por toda
 parte.
Frank Sinatra canta suas mesmas velhas canções sem
 jamais

parar.
É porque está preso àquilo que o tornou
famoso.
A fama não tem nada a ver com nada.
Tocar a vida em frente tem.
Vou morrer em breve, não há nada de extraordinário
    nisso
mas não serei capaz de escrever a respeito
e ficarei contente por não ter continuado escrevendo
    sobre
aquilo que você considera interessante e eu
não.
Cara, meu Deus, não quero assumir um tom sagrado
nisso tudo, não tem nada de sagrado no ato de escrever
mas é a maior encenação bêbada de que eu
tenho conhecimento.
Foi no passado e é agora.
As bundas das mulheres e tudo mais.
Estou rindo da escuridão que nem você.
Da próxima vez que vocês tomarem umas, botem um
Sibelius.
    claro,
        Henry Chinaski

ai disse a vaca à cerca que ligava

, esperneiam esses bebês idiotas,
os leprosos se embebedaram de leite
de coco
, o último sonho do pervertido foi
bacon misturado com torta
de anca
, morto é morto que chega
torto é torto que chega
e o cavalo falhou na
cara da rainha
e uma hora depois
ela estava com as bolas dele na mão
e a cabeça dele montada entre
as manoplas da motocicleta de
Hades
, as verdes florestas na minha mente
estão cegas
enquanto levo a mão ao rolo de papel
higiênico
o mundo late uma vez e
desaparece
, baunilha, baunilha, baunilha,
imagine você no bolso traseiro
de Prokofiev durante uma tempestade
de verão perante a casa de campo de um
comedor de cães bebedor de
vermute
, Paris é um lugar nas cercanias de
lugar nenhum que costumava
ser

, fico recebendo ligações telefônicas
de pessoas totalmente loucas que
me amam porque acreditam
que a minha loucura justifica a delas
o que é pior do que baixíssima
categoria
, a dor é como um foguete, sinta
o bastante
que ela te projeta através
e além de toda a baboseira
por um tempo
apenas
, a dama me trouxe uma bebida
e eu trouxe à dama uma bebida
e a dama me trouxe uma
bebida
e aí eu trouxe à dama uma
bebida
e aí o bartender
arrancou o olho esquerdo
enfiou na boca e
o cuspiu para o teto
enquanto um cara cruzava pela
porta e perguntava
"Godot está aqui?"
, a placenta é o hino da
ferida esquecida
e você não está me devendo 20
pratas que eu te emprestei durante
o
Mardi Gras?
, ah, que se danem todas as coisas e
os pássaros e os lagos e as cintas-
ligas

ah, por que somos tão estufados
dessa merda de hélio?
ah, quem roubou os olhos
e botou as tampas de garrafa na
bunda da Georgia?

, por que a porta abre
para trás?

, ei, a rançosa respiração
dos fedorentos tambores...
tais armas vêm dentro de quê?
peguem a calhandra bêbada!

, essa chicana de perfeição...
esse pelúcido bocejo de
incêndio...

, Cristo parou num tranco,
pneu estourou,
abri o porta-malas e
não achei o
macaco.

minha América, 1936

você não tem pegada,
disse o meu pai,
você sabe quanto dinheiro
eu gastei pra te criar?
sabe o custo de comprar roupa?
o custo de comprar comida?
você só fica no seu maldito
quarto deprimindo essa
bunda morta!
16 anos de idade e você age
como um morto!
o que é que você vai fazer
quando sair no mundo?
olha o Benny Halsey, ele é
porteiro num
cinema!
Billy Evans vende jornais
na esquina da Crenshaw
com Olympic
e você fala que não consegue
arranjar emprego!
bem, a verdade é que você simplesmente
não quer um emprego!
eu tenho um emprego!
qualquer um que realmente quiser um
emprego consegue arranjar um emprego!
eu penso cada vez mais na porra de uma
bela ideia de te botar pra
rua,
tudo que você faz é ficar atirado se

deprimindo!
não acredito que você seja o meu
filho!
sua mãe tem vergonha
de você!
você está matando a sua mãe!
eu penso cada vez mais na porra de uma bela ideia de
te cagar na porrada, só pra
te acordar!
o quê?
não fala comigo desse jeito!
EU SOU SEU PAI!
NUNCA MAIS FALE
COMIGO DESSE JEITO!
O QUÊ?
TÁ BOM, TÁ BOM,
FORA DESSA CASA!
VOCÊ TÁ NA RUA!
RUA!
RUA!
MÃE, EU TÔ BOTANDO
ESSE FILHO DA PUTA
NA RUA!

MÃE!

2/1/93 8:43 PM

Querida *New York Quarterly*:

Sou um albino de nascença que mora com a mãe com
   uma perna
de pau e um pai que se pica. Tenho um papagaio,
   Cagney, que
fala "Yankee Doodle Dandy!" toda vez que defeca, o
   que dá
4 ou 5 vezes por dia. Uma vez vi J.D. Salinger. Anexados
   vão meus
Poemas do disco voador. Tenho uma irmã de 18 anos
   com um corpo
como você nunca viu. Fotos nuas anexadas. No caso de
   os meus
poemas serem rejeitados, as fotos devem ser devolvidas.
   Em caso de
aprovação, eu ou minha irmã podemos ser contatados
   no   642-696-6969.

                                            atenciosamente,
                                            Byron Keats

reflexões

o templo do vão da minha porta está
trancado.

só concordo com meus críticos quando eles estão
errados.

meu pai era cego de um olho, surdo de um ouvido
e errado de uma vida.

os selos postais dos Estados Unidos são os mais feios
do mundo.

os personagens de Hemingway eram consistentemente
sombrios, ou seja, eles se esforçavam
demais.

as manhãs são o pior, os meios-dias um pouco
melhor e as noites o melhor de tudo.
pela altura em que você está pronto pra dormir você
sente a melhor sensação de todas.

os constantes vazamentos de esgoto apenas fortalecem
   minhas
convicções.

a melhor coisa sobre Immanuel Kant era
seu nome.

viver bem é uma questão de definição.

Deus é uma invenção do Homem; a Mulher, do
Diabo.

só pessoas entediantes se entediam.

todos fogem das pessoas solitárias porque elas são
solitárias e elas são solitárias porque todos
fogem delas.

pessoas que preferem ficar sozinhas têm
belíssimas razões para tal preferência.

pessoas que preferem ficar sozinhas e pessoas solitárias
não podem ser colocadas juntas no mesmo recinto.

se você colar um coco na bunda por baixo das calças,
você pode andar por aí com ele por duas semanas antes
que alguém pergunte a respeito.

o melhor livro é aquele que você nunca leu; a
melhor mulher, aquela que você nunca conheceu.

se o homem fosse feito para voar ele teria
nascido com asas ligadas ao corpo.
admito que já voei sem elas mas é
um ato antinatural, é por isso que não paro de pedir
bebidas à comissária de bordo.

se ficar sentado num quarto escuro por alguns meses
    você
terá uns pensamentos maravilhosos antes de
enlouquecer.

dificilmente haverá coisa mais triste do que um gato
atropelado.

a base do capitalismo é vender algo por
bem mais do que seu valor.
quanto mais você conseguir fazer isso, tanto mais rico
    poderá
ficar.
todo mundo ferra alguém de um jeito
diferente.
eu ferro você escrevendo palavras.

bem-aventurança só significa esquecer por um tempo
    o que há
de vir.

o Inferno nunca para ele só pausa.

isto é uma pausa.

aproveite enquanto puder.

tempestade para os vivos e para os mortos

você não me pega, a chuva está entrando pela
porta e estou na frente do computador enquanto
ouço Rachmaninov no rádio,
a chuva entrando de lado pela porta,
pancadas dela e sopro fumaça de charuto nela e
sorrio.
depois da porta tem uma sacadinha e há
uma cadeira lá.
às vezes sento naquela cadeira quando as coisas vão
mal aqui.
(caramba está caindo água agora!
ótimo! ensopando meu assento de madeira
lá fora!
as árvores balançam na chuva e os
fios telefônicos.)

às vezes sento naquela cadeira quando as coisas
vão mal
e bebo cerveja lá fora,
olho os carros da noite na autoestrada,
também noto quantas luzes são necessárias
numa cidade, tantas.
e fico lá sentado e penso, bem, pode
ser um momento estagnado
mas pelo menos você não está morando na rua.
você não está nem no cemitério ainda.
ânimo, garotão, você já superou
coisa pior...
beba sua cerveja.

mas hoje estou aqui,
e Rachmaninov ainda toca para mim.
quando eu era jovem em São
Francisco, ou razoavelmente jovem, eu era
um pouco mentalmente desequilibrado, achava
que era um grande artista e passava fome por
isso.
estou querendo dizer é que Rachmaninov ainda
estava vivo na época
e de algum modo eu poupara dinheiro
suficiente para ir vê-lo tocar no
auditório.
só que quando cheguei lá
anunciaram que ele estava doente
e que um substituto iria
tocar no lugar dele.
fiquei com raiva.
não deveria ter ficado pois dentro
de uma semana ele estava
morto.
mas ele está tocando para mim agora.
uma de suas próprias composições,
e se saindo muito bem.
com a chuva batendo nesta sala,
agora um vento de temporal escancara
totalmente a porta.
papéis voam pela sala.

há uma batida na porta,
a porta atrás de mim.
ela se abre.
minha esposa entra.

"é um furacão!", ela diz,
"um furacão de gelo, você vai morrer
congelado!"

"não, não", digo a ela, "estou bem!"

ela toca os meus braços,
eles estão quentes.

ela fica me encarando.
às vezes ela se pergunta.
eu também.

agora estou sozinho.
Rachmaninov terminou
e a chuva
parou.
e o vento.

agora sinto frio.

eu me levanto e visto um roupão de banho.

sou um velho escritor.

uma conta de telefone olha para mim
de ponta-cabeça.

a festa acabou.
San Pedro, 1993,
no Senhor do nosso
Ano.

sentado aqui.

couvert artístico

Doug e eu pegamos uma mesa na frente,
uma das melhores, as garotas
chutavam as pernas lá no alto, a música
era boa e as bebidas não
paravam.
mas bem no meio da diversão eu
vi algo passar.
ah não, pensei, era a minha
morte, acabei de ver minha morte
passar.
"acabei de ver minha morte passar", falei
ao Doug.
"o quê?", ele perguntou, "não dá pra
escutar!"
"MORTE!", gritei.
"esquece", ele disse, "bebe mais!"

ao fim da apresentação, uma das
garotas, Mandy, Doug a
conhecia, veio e se sentou.
sua cabeça era a cabeça da
Morte.
"por que você está me encarando?",
ela perguntou.
"você me lembra de algo",
falei.
"o quê?", ela perguntou.
apenas sorri.
"preciso ir", ela disse.

"você assustou ela", disse
Doug.
"ela me assustou", eu disse.
então olhei para Doug.
a cabeça dele era a cabeça da
Morte.
ele não sabia disso, só eu
sabia.
"que diabo você tá
olhando?", ele me perguntou.
"nada", respondi.
"você tá com cara de quem viu
fantasma", ele disse, "tá doente
ou algo assim?"
"estou bem, Doug."
"bem, Jesus, quer dizer, a gente
gasta um monte de grana pra
fazer a farra e você age
como se fosse um
enterro."

aí o comediante subiu
no palco, um cara gordão com
chapéu de papel, ele soprou um
apito e tirou um
balão da bunda
e disse algo que
não escutei direito
e todo mundo riu
e riu.
não consegui rir.
vi minha morte passando.
era o garçom.
fiz sinal para ele

trazer uma bebida.
de repente ele virou uma
dura bola de aço
e veio ribombando na
minha direção veloz como
bala enquanto eu me levantava
arrancando a mesa do chão,
lâmpada estilhaçada.
algumas pessoas riram
e outras gritaram.

"YOU REMIND ME OF SOMETHING," I SAID.

coisa da boa

sugando este charuto,
tomando garrafa após garrafa de cerveja da
República Popular da
China,
são os primeiros momentos da escura manhã
e estou celebrando a existência de
todos nós,
todos nós cabeças de trapo, sugadores de ruína
habitantes desta monstruosa
bola de estrume que é a
terra.
digo a vocês, todos, todo mundo, que estou
orgulhoso de vocês
por não cortarem suas gargantas toda
manhã quando acordam para enfrentá-la
de novo.
claro, alguns de vocês cortam, vocês dão
no pé, vão embora e nos deixam com o
fedorento pós-queda, para lidarmos com
os mutilados, os meio-assassinados, os
incompetentes, os loucos, os vis, as
massas.

mas sopro fumaça azul e sugo
estas garrafas verdes
em celebração dos que perduram,
seja lá como, confusos e
incongruentes mas aguentando,
o arremessador disparando a bola
na cara a 156 q.p.h

o motorista de ônibus moendo suas gengivas
em carne viva para chegar no horário.
os mexicanos ilegais que me acordam às
7 da manhã com seus sopradores de folhas.
sua mãe, a mãe de alguém,
seu filho, o filho de alguém, certa
irmã, certo primo, certo velhote
num andador, todos lá.
dá uma olhada neles.

eu saúdo aqueles que retêm o traiço-
eiro controle.
abro uma nova garrafa verde, faísco
meu charuto morto de volta à vida com meu isqueiro
amarelo.
precisamos de pessoas para limpar nossas
latrinas.
precisamos da misericórdia da respiração,
vida em movimento
mesmo que na maior parte ela seja
incontinente.

cerveja da China,
pensa só.
esta é uma madrugada e tanto
César e Platão avultam nas
sombras e eu amo todos vocês
por um breve
momento.

agora

abundante; arranque o rótulo;
as grandes armas foram
baixadas.
nada a fazer agora senão
sentar no sol
e refletir sobre como você veio
do passado para o
presente.
agora você sabe... o quê? que
não havia nada de tão especial
em você
afinal de contas.
você ficava se metendo em brigas
que não lhe diziam
respeito, você dava um passo
maior do que a perna.
você deveria ter relaxado
mais.
você absorveu demais e te
queimaram –
bebida demais, mulheres demais,
livros demais.
não tinha tanta importância assim.
agora você vê os minutos que te sobem correndo
pelos braços.
você ouve os cães latindo.
você está cansado o bastante para ouvir
agora.
você é um velho numa cadeira
num pátio

no mundo.
uma folha cai na sua barriga branca
e isso é tudo que
existe.

saia antes do sol

vire à esquerda na Moscow ou
me encontre na *Enchilada House.*

os cães me arrastaram até
aqui.
estou entorpecido pelo Destino
mas disposto a jogar como um linebacker no
quarto tempo.

beber?
ou pensar?
melhor beber.

nós viramos o filósofo
da pedra
por falta de coisas melhores.
costumávamos destruir, agora notamos
o que resta:
nós, eles, nós e a
maquinaria.
perfeitamente unidos como a lesma e
a folha.
que tenebrosa fraude são essas
regras!
quem inventou isso?
peguem o desgraçado, assem com o
carneiro!
engraçado falar, o quê?
tipo Mary tinha um carneirinho e saiu
da cidade às

9:15.
coisa de pedra.
coisa de perda, com um sorriso
cabisbaixo.

bebida?
não importa,
e importa.

o que mais importa é o que acontece com
outra pessoa, não
com você.
que curioso que tenha chegado a
isso.
água de nascente alpina não diria
melhor.
ou a contagem até dez.

a inesperada mágica de um argumento
bem apresentado
pode te levar de fogo para fogo,
de inferno para inferno.
tudo diz respeito a isso, ali ao
lado da
pedra.
vire à esquerda na Moscow, desça
pela Denver.

beba.

#1

ah me perdoem Por quem os sinos dobram,
ah me perdoe Homem que andou sobre as águas,
ah me perdoe velhinha que morava num sapato,
ah me perdoe a montanha que rugia à meia-noite,
ah me perdoem os sons bobos da noite do dia e da
 morte,
ah me perdoe a morte da última bela pantera,
ah me perdoem todos os navios afundados e exércitos
 derrotados.
este é o meu primeiro POEMA EM FAX.
é tarde demais:
fui
conquistado.

canção para este pesar suavemente arrebatador...

é preciso subir
além de toda essa merda,
continuar crescendo...
o destino só é uma puta se fizermos com que
seja.
acendamos luzes
soframos em grande estilo –
palito na boca, dentes arreganhados.
podemos fazer.
nascemos fortes e morreremos
fortes.
nosso modo de viver
como transatlânticos na névoa...
espinhos em rosas...
garotos blasés trotando nos parques em trajes de
 banho...
tem sido muito
bom.
nossos ossos
como caules que furam o céu
para sempre vão gritar
vitória.

fontes

"metido de novo em alguma enrascada impossível."
  Manuscrito de c. 1959; inédito.
"nisto –" Manuscrito de c. 1960; inédito.
"por que todos os seus poemas são pessoais?" *Wanderlust* 10,
  abril de 1961; inédito em coletânea.
"oração pelos amantes de mãos quebradas." *Quicksilver* 13.3,
  outono de 1960; inédito em coletânea.
"ritmo acelerado." *Brand "X"* 1, janeiro de 1962; inédito em
  coletânea.
"penso em Hemingway." (Abril de 1962); *El Corno
  Emplumado* 7, julho de 1963; inédito em coletânea.
"eu era merda." Manuscrito de fins de 1962; inédito.
"correções de mim mesmo, sobretudo segundo Whitman:"
  Signet 5.1, janeiro de 1963; inédito em coletânea.
"a abelhona." Manuscrito do início de 1963; inédito.
"gorjeio no." *Coastlines* 20, 1963; inédito em coletânea.
"viagem de trem pelo inferno." (Maio de 1963); *Evidence* 9,
  fins de 1965; inédito em coletânea.
"mesma coisa de sempre, Shakespeare através de Mailer –"
  Wormwood Review 11, novembro de 1963; inédito em
  coletânea.
"a corda de vidro." Manuscrito de agosto de 1964; inédito.
"má sorte." Manuscrito de fins de 1966; inédito.
"às vezes quando fico triste eu ouço Mahler." *Kauri* 18,
  janeiro-fevereiro de 1967; inédito em coletânea.
"latrina dos homens." *Intrepid* 7, março de 1967; baseado
  num esboço inédito intitulado "o inumano humano";
  inédito em coletânea.
"como um mata-moscas." Manuscrito do início de 1968;
  inédito em coletânea.
"me leva no jogo." Manuscrito de 20 de agosto de 1968;
  baseado num esboço inédito intitulado "canção do

vencido"; inédito em coletânea.
"eu achei que ia me dar bem." *Laugh Literary and Man the Humping Guns* 1, maio de 1969; inédito em coletânea.
"ala beneficente." *Planet* 1.5, julho de 1969; baseado num esboço inédito intitulado "bom serviço, afinal"; inédito em coletânea.
"simples assim." (Fins de 1969); *Lemming* 1, inverno de 1971; inédito em coletânea.
"ligação telefônica da minha filha de cinco anos em Garden Grove." Manuscrito do início de 1970; inédito.
"a massa solar: alma: gênese e geotropismo:" Manuscrito de c. 1970; inédito.
"viciado em cavalo." *Heads Up* 5, 1970; inédito em coletânea.
"que se foda." Manuscrito de c. 1970; inédito.
"2 poemas imortais." Manuscrito de c. 1970; inédito.
"O.C.E.U.C.S." Manuscrito de c. 1970 (segunda versão); inédito.
"a lésbica." *Statement* 27, maio de 1970; inédito em coletânea.
"um poema para mim mesmo." (c. 1970); *Something Else Yearbook*, 1973; inédito em coletânea.
"fato." (Outubro de 1970); *Buffalo Stamps* 1.2, 1971; inédito em coletânea.
"canção de blues." *Epos* 22.2, inverno de 1970-71; inédito em coletânea.
"abundância sobre a terra." *Vagabond* 10, início de 1971; inédito em coletânea.
"canção de amor." Manuscrito de março de 1971; inédito em coletânea.
"poema para Dante." *Second Aeon* 13, 1971; inédito em coletânea.
"as condições." Manuscrito de c. 1971; inédito em coletânea.
"29 uvas geladas." Manuscrito de 17 de julho de 1971; inédito em coletânea.
"queimando na água, afogando-se na chama." Manuscrito de 19 de novembro de 1971; inédito em coletânea.

"desculpa para uma possível imortalidade." Manuscrito de 8 de outubro de 1972; inédito em coletânea.

"bem, agora que Ezra morreu..." (Novembro de 1972); *Choice* 9, 1974; Manuscrito de 19 de novembro de 1971; inédito em coletânea.

"verrugas." Manuscrito de 7 de outubro de 1973; inédito em coletânea.

"meus novos pais." Manuscrito de 4 de dezembro de 1973; inédito em coletânea.

"algo sobre a ação:" Manuscrito de c. 1973; inédito.

"55 camas na mesma direção." *Wormwood Review* 53, início de 1974; inédito em coletânea.

"zangão." Manuscrito de 20 de janeiro de 1975; inédito em coletânea.

"dedo." Manuscrito de 20 de janeiro de 1975; inédito.

"a coisa." Manuscrito de 15 de abril de 1975; inédito.

"Bob Dylan." Manuscrito de 3 de dezembro de 1975; inédito em coletânea.

"Texsun." Manuscrito de 14 de dezembro de 1975; inédito em coletânea.

"bolhas mornas na água." Manuscrito de c. 1975; inédito.

"um poema de milhões." Manuscrito de 23 de janeiro de 1976; inédito.

"as damas da tarde." *Black Moss* 2.2, outono de 1976; inédito em coletânea.

"língua cortada." Manuscrito de 13 de novembro de 1977; inédito em coletânea.

"Venice, Calif., nov. 1977:" Manuscrito de 29 de novembro de 1977; inédito.

"espelho." Manuscrito de 4 de fevereiro de 1978; inédito em coletânea.

"fazendo cabeças." *The Apalachee Quarterly* 11, verão de 1978; baseado em esboço anterior escrito em 17 de junho de 1978; inédito em coletânea.

"feijão com chili." Manuscrito de 26 de agosto de 1979;

baseado num esboço inédito intitulado "para os bêbados atirados no bar antes da hora de fechar"; inédito em coletânea.

"vá para a tumba limpinho –" Manuscrito de c. 1979; inédito.

porq tud se sgota." *Orpheus* 1, primavera de 1980; baseado num esboço escrito em 8 de maio de 1978; inédito em coletânea.

"um longo dia quente no hipódromo." *Scree* 17/18, 1981; baseado num esboço escrito em 6 de julho de 1978; inédito em coletânea.

"as cartas de John Steinbeck." *Bachy* 18, 1981; baseado num esboço escrito em 21 de julho de 1978; inédito em coletânea.

"e as triviais vidas da realeza nunca me empolgaram tampouco..." Manuscrito de 17 de novembro de 1981; inédito em coletânea.

"carta para um amigo com um problema doméstico:" Manuscrito de 26 de dezembro de 1981; inédito em coletânea.

"agnóstico." Manuscrito de 26 de janeiro de 1982; inédito em coletânea.

"clones." Manuscrito de 17 de fevereiro de 1982; inédito.

"roído por maçante crise." *Poetry/LA* 4, primavera-verão 1982; inédito em coletânea.

"andei trabalhando na ferrovia..." Manuscrito de 28 de dezembro de 1982; inédito em coletânea.

"como são as coisas." Manuscrito de 18 de maio de 1983; inédito.

"sozinho num tempo de exércitos." Manuscrito de 17 de julho de 1984; inédito em coletânea.

"me modernizando." *Oro Madre* 10, 1984; baseado num esboço escrito em 12 de setembro de 1984; inédito em coletânea.

"nem sempre funciona." (c. verão de 1985); *New York Quarterly* 29, verão de 1986; inédito em coletânea.

"eu tenho um quarto." (Junho de 1985); *Wormwood Review* 141, 1996; inédito em coletânea.

"um homem para os séculos." (outubro de 1985); *Second Coming* 14.1, 1986; inédito em coletânea.

"querido papai." Manuscrito de 18 de junho de 1986; inédito em coletânea.

"paz e amor." *New York Quarterly* 31, outono de 1986; inédito em coletânea.

"o mundo dos manobristas." *Second Coming* 16.2, fins de 1986; inédito em coletânea.

"vivo para escrever e agora estou morrendo." *Scream* 5, 1987; inédito em coletânea.

"rasgue." *Once More With Feeling*, 1988; inédito em coletânea.

"Henry Miller e Burroughs." Manuscrito de c. 1988; inédito em coletânea.

"árvore genealógica." *Poetry/LA* 17, outono-inverno 1988-89; inédito em coletânea.

"estar aqui." *Poetry/LA* 18, primavera-verão 1989; inédito em coletânea.

"a única vida." Manuscrito de 16 de dezembro de 1989; inédito em coletânea.

"batendo pé no Savoy." Manuscrito de 4 de março de 1990; inédito.

"os dias gloriosos." Manuscrito de 18 de junho de 1990; inédito em coletânea.

"parabéns, Chinaski." Manuscrito de 2 de agosto de 1990; inédito em coletânea.

"ele atacou os moinhos de vento, sim." *Big Scream* 30, 1991; inédito em coletânea.

"todos os meus amigos." Manuscrito de 15 de março de 1991; inédito em coletânea.

"um leitor escreve." Manuscrito de 25 de março de 1991; inédito em coletânea.

"ai disse a vaca à cerca que ligava." Manuscrito de 30 de

março de 1992; inédito.

"minha América, 1936." Manuscrito de 1º de outubro de 1992; inédito em coletânea.

"[2/1/93 8:43 PM]." *New York Quarterly* 52, 1993; inédito em coletânea.

"reflexões." Manuscrito de 20 de janeiro de 1993; inédito em coletânea.

"tempestade para os vivos e para os mortos." Manuscrito de 1º de fevereiro 1993; inédito em coletânea.

"couvert artístico." Manuscrito de 1º de março 1993; inédito em coletânea.

"coisa da boa." Manuscrito de 1º de março 1993; inédito em coletânea.

"agora." Manuscrito de 26 de agosto de 1993; inédito.

"saia antes do sol." Manuscrito de 14 de outubro de 1993; inédito.

"#1." Manuscrito de 18 de fevereiro de 1994. Com grande probabilidade, é o último poema escrito por Bukowski.

"canção para este pesar suavemente arrebatador..." Manuscrito de 2 de novembro de 1971; inédito.

agradecimentos

Organizador e editora gostariam de agradecer aos proprietários dos poemas aqui publicados, entre os quais se incluem as seguintes instituições:

> Universidade do Arizona, Acervos Especiais
> Universidade da Califórnia, Los Angeles, Acervos Especiais
> Universidade da Califórnia, Santa Barbara, Acervos Especiais
> Biblioteca Huntington, San Marino, Califórnia
> Universidade do Sul da Califórnia, Acervos de Livros Raros

Agradecemos também aos seguintes periódicos, nos quais alguns dos poemas foram publicados pela primeira vez: *The Apalachee Quarterly, Bachy, Big Scream, Black Moss, Brand "X", Buffalo Stamps, Choice, Coastlines, El Corno Emplumado, Epos, Evidence, Heads Up, Intrepid, Kauri, Laugh Literary and Man the Humping Guns, Lemming, New York Quarterly, Once More With Feeling, Oro Madre, Orpheus, Planet, Poetry L/A, Quicksilver, Second Aeon, Second Coming, Scream, Scree, Signet, Something Else Yearbook, Statement, Vagabond, Wanderlust Wormwood Review* e *X-Ray*.

Nora, por manter vivo aquele caos deslumbrante.
Ona e Gara, pelas explosões de luz e risada.
Linda Bukowski, pelos mirtilos ao sol – tem coisas que os olhos não podem ver.

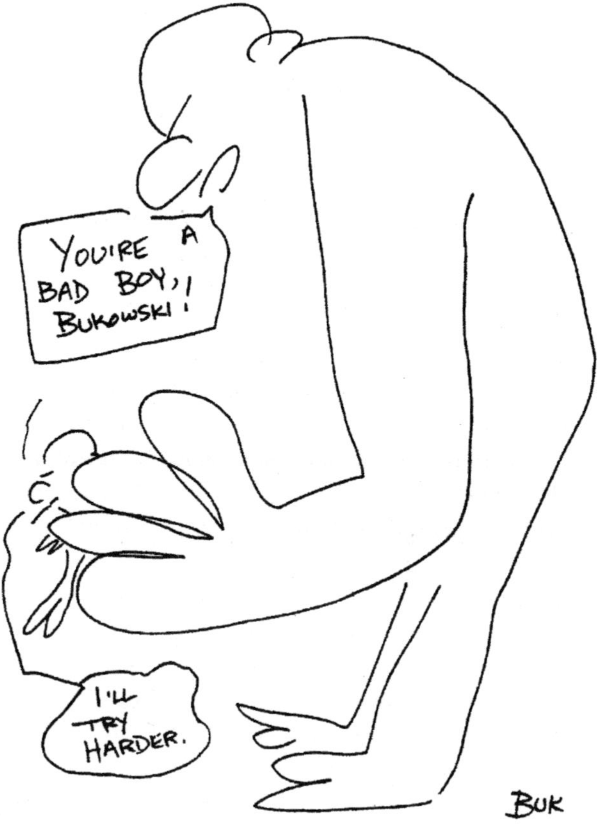
YOU'RE A BAD BOY, BUKOWSKI!
I'LL TRY HARDER.
BUK

Livros de Bukowski publicados pela **L&PM** EDITORES:

Ao sul de lugar nenhum: histórias da vida subterrânea
O amor é um cão dos diabos
Bukowski: 3 em 1 (Mulheres; O capitão saiu para o almoço e os marinheiros tomaram conta do navio; Cartas na rua)
Bukowski essencial
O capitão saiu para o almoço e os marinheiros tomaram conta do navio (c/ ilustrações de Robert Crumb)
Cartas na rua
Crônica de um amor louco
Delírios cotidianos (c/ ilustrações de Matthias Schultheiss)
Escrever para não enlouquecer
Fabulário geral do delírio cotidiano
Factótum
Hollywood
Miscelânea septuagenária: contos e poemas
Misto-quente
A mulher mais linda da cidade e outras histórias
Mulheres
Notas de um velho safado
Numa fria
Pedaços de um caderno manchado de vinho
As pessoas parecem flores finalmente
Pulp
Queimando na água, afogando-se na chama
Sobre bêbados e bebidas
Sobre gatos
Sobre o amor
Tempestade para os vivos e para os mortos
Textos autobiográficos (Editado por John Martin)
Você fica tão sozinho às vezes que até faz sentido

Poesias, contos e todos os romances em mais de 20 títulos

L&PM EDITORES

lepmeditores
www.lpm.com.br
o site que conta tudo

IMPRESSÃO:

PALLOTTI
GRÁFICA

Santa Maria - RS | Fone: (55) 3220.4500
www.graficapallotti.com.br